Der Tanz zwischen Freude und Schmerz

Dein täglicher Begleiter für den Umgang mit dir selbst

Beziehungen selbstverantwortlich leben und Emotionen meistern

Dr. Mansukh Patel & Rita Gos

Deutsch von Elisabeth Brock

mit einem Vorwort von

Dr. Rüdiger Dahlke

Titel des englischen Originals: **The Dance between Joy and Pain**
Your Daily Guide to Self-Mastery
Take Charge of Your Relationships and Become the Master of Your Emotions
©1995 by LIFE Foundation Publications, Maristowe House,
Bilston, West Midlands WV146AL, Grossbritannien
Auch in niederländischer und französischer Übersetzung erschienen.

Deutsche Erstausgabe   © 1999 by   **Genius Verlag**

Inh. Dagmar Neubronner, D-87534 Oberstaufen
eMail: contact@genius-verlag.de   www.genius-verlag.de

Alle Rechte vorbehalten
ISBN 3-9806106-7-5

Fotos von Regina Doerstel & Jeff Cushing, Illustrationen von Lucy Clare Byatt
Umschlagbild: ©1999 Josephine Wall, Lizenz durch: Art Impressions Inc./ MM Merchandising München
Druck: FINIDR s.r.o., Tschechische Republik 6/01 2. Auflage

Widmung

Allen Teilnehmerinnen und Teilnehmern am Eurowalk

für ihren unschätzbaren Einsatz

und Mahatma Gandhi für seine Inspiration und seine Lehre

Die deutsche Erstausgabe ist darüber hinaus dem Gedenken an
Ulla Uckelmann
(31.8.1950— 7.1.1999)
gewidmet, deren Unterstützung das Erscheinen des Buches ermöglicht hat.

Zum Umgang mit diesem Buch

Liebe Leserin, lieber Leser,

wir danken dir, dass du durch den Kauf dieses Buchs den Eurowalk 2000 unterstützt und legen es dir mit großer Freude vor.
Wir empfehlen dir, den ersten Teil des Buchs, **Den Tanz verstehen**, in kurzen Abschnitten zu lesen. Lies ein paar Seiten und klappe dann das Buch zu, um das Geschriebene aufzunehmen. Schließe die Augen und denke über das Gelesene nach, damit es sich, etwa über einen Tag, in deinem Geist ordnen kann. Nimm dann das Buch wieder zur Hand und lies ein Stückchen weiter.

Alle Techniken und Übungen, die in diesem Buch vorgestellt werden, sind ungefährlich und wirkungsvoll. Übungen, die mit dem Symbol für Herzenskraft bezeichnet sind, dienen besonders der Aktivierung der Heilkräfte des Herzens (siehe S.45). Wenn dein körperlicher Zustand jedoch Anlass zu Sorge bietet, sprich bitte vor dem Üben mit deinem Arzt.

Möge dieses Buch dir Inspiration, Begleitung und Freund sein.

Inhalt

Seite

Vorwort von Dr. Rüdiger Dahlke   8

Einleitung   10

Erster Teil: **Den Tanz verstehen**   13

Zweiter Teil: **Den Tanz meistern**   41

Dritter Teil: **Über den Tanz hinaus**   231

Nachwort   259

Danksagungen   262

Über den Autor und die Autorin   264

Anhang: **Transformation emotionaler Energie im Körper**   273

        Verzeichnis der Bewegungen und Technicken   277

        Verzeichnis der Gesten und Haltungen   281

Schmerz ist ein Teil von dir,

der auf Liebe wartet.

Inhalt

Erster Teil: **Den Tanz verstehen**

	Seite
Der Tanz des Lebens	15
Schmerz und Freude	18
Die Harijans	20
Schmerz in New York	23
Das wahre Wesen des Schmerzes	25
Wer weiß?	28
Schmerz ist beginnende Heilung	33
Das Leiden annehmen	35
Leiden läßt sich wandeln	37

Vorwort

Dieser Tanz zwischen der Freude und dem Schmerz ist der Tanz mit der Polarität oder einfach das Leben. Ram Dass sagt, alles Leben ist Tanz, Rudolf Steiner sagte, alles Leben ist Rhythmus, und die moderne Physik sagt uns, dass alles Leben Schwingung sei. Gandhi schließlich lehrte, dass man weder vor dem Oben noch vor dem Unten Angst zu haben brauche. Überall in dieser Schöpfung finden wir das Auf und Ab, das Schwingen von einem Pol der Wirklichkeit in den anderen. Menschen, die sich diesem Rhythmus hingeben und sich von ihm tragen lassen, bezeichnen wir als glücklich, diejenigen, die ihre Kräfte im Widerstand gegen ihn verbrauchen, erleben wir als unglücklich.

Wie aber können diejenigen, die mit dem Leben schwingen, diejenigen teilhaben und mitschwingen lassen, die (noch) krampfhaft versuchen, sich irgendwo festzuhalten? Dazu ist es wichtig, sich klarzumachen, dass auch Gesundheit ansteckend ist, nicht nur Krankheit. Wieder bewusst in den Rhythmus des Lebens einzusteigen und sich mitnehmen zu lassen, braucht oft nur wenig. Dieses kleine Büchlein bietet noch ein wenig mehr. Es enthält eine Vielzahl von Anleitungen, wieder in Schwung zu kommen und lebendig zu werden - nicht durch Wegschauen und Verdrängen, sondern im Gegenteil durch Hinschauen und Konfrontieren der Kernprobleme unseres Daseins wie Angst und

Vorwort

Hass, Einsamkeit und Schuld. Es holt seine Leser dort ab, wo sie ihre Probleme haben und bietet kleine Schritte an, das Elend und den Schmerz in Lebens-Freude zu wandeln. Jeder große Marsch beginnt ja nun aber mit einem einzelnen kleinen Schritt, einem kleinen Ruck, den man seinem Herzen gibt.

Was aber noch so klein beginnt, kann zum Weg werden. Jede dieser vielen unscheinbaren, weil einfachen Übungen könnte für sich der Beginn sein. Alle zusammen sind eine Begleitung auf dem Weg zu sich selbst, der immer auch der Weg zu allen anderen ist.

Der besondere Charme des hier vorgeschlagenen (langen) Marsches, zu dem auch dieses Büchlein gehört, liegt darin, dass er den geistigen Spuren Mahatma Gandhis folgt, der ja auch vor allem zu Fuß ging und so einfache Dinge tat, wie sein Spinnrad zu drehen, und damit doch die Welt bewegte.

Rüdiger Dahlke, Januar 1999

Einleitung

Wie dieses Buch entstand

Ein Buch, das den Tanz zwischen Freude und Schmerz beschreibt, kann nur aus einer intensiven, ganz unmittelbaren Lebenserfahrung entstehen.

In den letzten Jahren unternahmen wir, zusammen mit unseren Kolleginnen und Kollegen von der Life Foundation, eine Reihe außergewöhnlicher Reisen, wobei wir etwa 5000 km zu Fuß und 240 000 km mit dem Flugzeug zurücklegten. Wir besuchten einunddreißig Länder und vier Kontinente - die inspirierendsten, aber auch die verstörendsten Orte der Welt. Unsere Reisen führten uns in die Tiefen menschlicher Erfahrungen, von Jerusalem und Assisi nach Auschwitz und Dachau, von den indischen Slums bis zu den Penthousewohnungen in New York.

Dieses Buch ist aus dem ungeheuren Schrei des menschlichen Herzens nach Hilfe, Führung und Klarheit über das Wesen von Leid und Schmerz hervorgegangen. Niemand geht ohne die Erfahrung von Freude und Schmerz durch das Leben. Werden diese Gefühle missverstanden, sind wir möglicherweise gezwungen, eines dieser

Gefühle **zurückzuweisen** oder uns an das andere zu **klammern**. Wir müssen den Tanz zwischen ihnen meistern, damit all unser Tun, all unsere Absichten und Ideale auf dem Verstehen dieser beiden Gefühle beruhen.

Unsere Forschungen haben ergeben, dass die verschiedenen Teile der Welt verschiedene Teile des Puzzles besitzen. Jedes Puzzleteil vermittelt eine Einsicht darüber, wie der Tanz zwischen Schmerz und Freude zu meistern ist. Ziel dieses Buches ist es, den Menschen ein vollständiges Bild vorzulegen, ein Bild, das eine echte Lösung für das „Problem" Schmerz anbietet.

Das Buch ist ein Destillat von Techniken und Weisheiten, die den Menschen **tatsächlich helfen**. Jede Geschichte, jede Aussage und Technik hat bereits das Leben tausender Menschen verändert, und nun **ist es in deine Hände gelangt**.

Genieße die Reise — und denke daran, dass wir dich auf dem Weg begleiten!

Könnte dein Herz immer wieder staunen

über die täglichen Wunder des Lebens,

wäre dir dein Schmerz

nicht weniger wundersam als deine Freude.

Kahlil Gibran

Erster Teil

Den Tanz verstehen

Der Tanz des Lebens

Kürzlich las ich in der Zeitung eine außergewöhnliche Geschichte über ein Paar, das ins Krankenhaus fahren wollte, weil die Frau in den Wehen lag. Als er so über die Landstraßen jagte, war der Mann voller Panik und Aufregung, und als er in eine Kurve fuhr, übersah er die Anzeichen von Glätte auf der Fahrbahn...

Der Wagen geriet ins Schleudern, schoss knapp an einer Bushaltestelle vorbei, brach durch eine Hecke und rutschte über eine anderthalb Meter hohe Böschung, bis er schließlich auf einem überschwemmten Feld zum Stehen kam. Wunderbarerweise waren beide, wenngleich geschockt und etwas benommen, unverletzt geblieben.

Während der Mann noch nach dem Autotelefon suchte, um Hilfe herbeizurufen, hörte er seine Frau schreien: „Das Kind kommt!"

Fünf Minuten später war der Krankenwagen da, gerade rechtzeitig, dass der Sanitäter auf dem Vordersitz des Autos ein hübsches kleines Mädchen abnabeln konnte.

Als er das Neugeborene hochhob und den Eltern zeigte - in ihrem Unfallwrack - weinten beide vor Freude.

Seelenqual und Ekstase.
Schmerz, Aufruhr und Freude, alles existiert zugleich, Seite an Seite.

Und das ist der Tanz.

Schmerz und Freude sind innig miteinander verbunden, wie Mann und Frau.

Sie sind zwei Teile eines Ganzen, wie Tag und Nacht,
und nicht voneinander zu trennen.

Yin und Yang bringen
ein perfektes Gleichgewicht und Achtung vor dem Leben hervor.

Schmerz und Freude gleichen sich insofern, als beide eine erhöhte Wahrnehmung erzeugen und so eine Klarheit schaffen, die so groß und deutlich ist, dass wir nur sehen, was im Leben wirklich wichtig ist.

Alles Unwichtige fällt ab wie die Haut von einer Schlange.

Wenn du je in einen Unfall verwickelt warst oder dich in einer anderen lebensbedrohlichen Situation befunden hast, wirst du dieses Grundprinzip vollkommen verstehen.

Plötzlich fließen alle Dinge, die uns so beschäftigt haben, ineinander und lösen sich in Bedeutungslosigkeit auf. Was bleibt, ist der wahre Kern dessen, was *das Leben selbst* ist.

Freude führt dazu, dass wir das Leben achten und dankbar sind, weil das Leben ist, wie es ist.

Schmerz führt auch dazu, dass wir das Leben ehren, weil es uns die *Einmaligkeit des Lebens* erkennen lässt.

Wir merken, wie viel uns das Leben bedeutet und wie viel uns die Menschen bedeuten.
Auch hier stehen Qual und Ekstase nebeneinander, Seite an Seite wie treue Freunde.

Die Harijans

Amerikanische Touristen reisten per Bus durch Indien und kamen zu einem Dorf der Harijans. Harijans sind die Unberührbaren, die „Kastenlosen". Der große Freiheitskämpfer Mahatma Gandhi war ein Freund dieser benachteiligten Menschen. Er nannte sie „Harijans", was „Kinder Gottes" bedeutet.

Die Amerikaner sahen die kleinen Lehmhütten, in denen sie wohnten. Die Hütten thronten in gefährlicher Höhe auf einem Berg, einer Müllhalde, wie es schien. Ein Mann bat den Busfahrer anzuhalten, und mit Tränen in den Augen betrachtete er die Gesichter dieser vergessenen Menschen.

Dann stellte er fest, dass alle - Männer, Frauen und Kinder - leuchtende, glänzende Augen hatten und eine große Ruhe ausstrahlten.

Er wandte sich um und blickte in die überanstrengten, ängstlichen Gesichter seiner Mitreisenden im Bus. Da begriff er, dass diese, ungeachtet all ihres Reichtums und ihrer Sicherheit, nicht besaßen, was die Harijans hatten.

Wir sind kulturell darauf konditioniert worden, eher auf die Beschwerden des Schmerzes zu achten als auf die Freude. **Hier liegt das Geheimnis**. Wie können die Harijans unter so ärmlichen Bedingungen so freudig leben?

Ihre Wahrnehmung ist anders.

Sie können die Freude in ihrer Situation empfinden, denn sie haben nicht gelernt, ihr Leben als unglücklich zu betrachten.

Schmerz in New York

Stell dir nun kurz einen Mann vor, der in seiner New Yorker Wolkenkratzerwohnung sitzt, den Kopf in die Hände gelegt. Er hat seine Arbeit und seine Familie verloren und fürchtet sich vor der Zukunft.

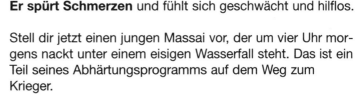

Er spürt Schmerzen und fühlt sich geschwächt und hilflos.

Stell dir jetzt einen jungen Massai vor, der um vier Uhr morgens nackt unter einem eisigen Wasserfall steht. Das ist ein Teil seines Abhärtungsprogramms auf dem Weg zum Krieger.

Er spürt Schmerzen, aber er betrachtet dies als Zeichen seiner Stärke.

Schmerz kann zu einer Erfahrung von Transformation werden,
wenn wir uns dafür entscheiden.

Wir können neu einüben, Schmerz positiv und optimistisch zu sehen,
dann kann sich uns die ebenfalls vorhandene Freude offenbaren,
egal was geschieht.

Das wahre Wesen des Schmerzes

Schmerz ist im Grunde keine „leidvolle", sondern eine „wachstumsanregende" Erfahrung; etwas, das uns weiterbringt und in Bewegung hält.

Marathonläufer spüren während bestimmter Phasen ihrer Laufstrecke extreme Schmerzen, aber sie laufen einfach weiter, in dem Wissen, dass sie durch die Schmerzbarriere hindurch zu einem erhöhten Wahrnehmungsgefühl und einem Gefühl der Stärke gelangen werden.

Sie betrachten ihren „konditionierten" Schmerz als Zeichen, dass sie kurz vor dem Durchbruch stehen. Mit dieser Haltung drängen sie vorwärts und erreichen neue Ebenen von Energie.

**Dafür brauchen wir Mut und Einsatzbereitschaft,
und wir treffen eine Wahl.**

Sind die Bäume im Wald alle hochgewachsen und gerade?
Nein! Jeder Baum hat seinen eigenen Schmerz - seine eigene Qual.
Jeder ist irgendwie verkrümmt und knorrig;
von den Umständen verbogen,
verkrümmt, umgeschlagen, vom Blitz getroffen,
die Rinde verletzt und von Tieren verbissen.
Ein Baum wächst nicht ohne Schmerz und Leiden,
aber er wächst zu majestätischer Größe heran,
weil er seinen Schmerz angenommen hat
und den ganzen Prozess geschehen ließ
- ohne sich zu verweigern.

Zwei Gefangene blickten durchs Gitter hinaus in die Ferne,

der eine sah Schmutz, der andere Sterne.

Wer weiß?

Alles hängt davon ab, wie wir die Dinge sehen wollen ...

Es war einmal ein Bauer, der besaß ein wunderschönes Pferd. Eines Tages rannte ihm das Pferd weg, und der Nachbar sagte zu ihm: „Was ist dir nur für eine schlimme Sache passiert - so ein großer Verlust." Der Bauer antwortete trocken: „Wer weiß? Vielleicht ist's gut, vielleicht ist's schlecht."

Am nächsten Tag kam das Pferd zurück und brachte ein weiteres Pferd mit, worauf der Nachbar des Bauern sagte: „Was für ein großes Glück, jetzt hast du zwei Pferde." Der Bauer antwortete wiederum: „Wer weiß? Vielleicht ist's gut, vielleicht ist's schlecht."

Wieder einen Tag später fiel der Sohn des Bauern vom neuen Pferd und brach sich das Bein, worauf der Nachbar sagte: „Das ist schlecht!" Der Bauer antwortete wie vorher.

Bald danach brach in dem Land Krieg aus, und alle jungen Männer wurden zur Armee eingezogen, nur der Sohn des Bauern nicht, wegen des gebrochenen Beins. Der Nachbar sagte: „Was für ein Riesenglück", und der Bauer erwiderte: „Wer weiß?..."

Es liegt viel Wahrheit in der Bemerkung **„Wer weiß?"**. Tatsache ist, dass die meisten Menschen nicht wissen, welche Folgen ein bestimmtes Ereignis hat.

Vieles in unserem Leben geschieht einfach, und die äußeren Ereignisse haben wir nicht immer unter Kontrolle. Wir wissen auch, dass wir nur über uns selbst und die Art und Weise, wie wir das Leben wahrnehmen und annehmen, wirklich selbst bestimmen können.

Wenn es uns möglich wäre, in die Zukunft zu blicken, würden wir möglicherweise alles ganz anders betrachten.

*Wir stehen jeden Tag vor der Herausforderung,
wie wir diesen heutigen Tag leben werden;
aber ich glaube,
dass unser Leben kein Lebenskampf sein muss.
Es kann ein Leben sein, das sich wie Phönix aus der Asche
emporschwingt.
Ein Leben, das sich aus so viel Liebe und Kraft erhebt,
dass die Energie all unserer Ängste,
unseres Zorns, unserer Betrübnis und Trauer,
eingesetzt werden kann,
um diese Gefühle in Liebe und Mitgefühl zu verwandeln.*

Angst und Widerstand steigern den Schmerz

Wir feiern die Geburt eines Kindes mit großer Freude - aber die Geburt ist für Mutter und Kind mit außerordentlichen Schmerzen verbunden.

Angst und Widerstand führen zu Verkrampfung, was den Schmerz nur verstärkt, worauf Medikamente eingesetzt werden müssen, um den Schmerz erträglich zu machen.

Wenn wir die schlichte Weisheit besitzen, zu entspannen und in das Gefühl, das wir Schmerz nennen, mit Achtsamkeit und einer Haltung der Akzeptanz hineingehen, kann etwas sehr Schönes geschehen.

Dann sieht nach und nach alles anders aus.

Unser Widerstand gegen das, was mit uns geschieht, erzeugt so viel Leiden!

Nehmen wir das Beispiel des Gebärens, der vielleicht schmerzhaftesten Erfahrung, die eine Frau machen kann. Frauen, die sich entspannt den Wehen hingeben, mit dem Schmerz mitschwingen und durch den Schmerz hindurchatmen können, bewegen sich mit diesem allernatürlichsten Prozess mit und entdecken im Schmerz einen Reichtum, der sie auf eine höhere Bewusstseinsebene trägt.

Es scheint fast, als durchschritten wir mit dem Schmerz das Tor zu einem sehr viel größeren Potential - zu einem tieferen Widerhall in unserem Innern.

Schmerz ist beginnende Heilung

Wenn Tiere Schmerzen haben, verhalten sie sich völlig akzeptierend und tun instinktiv das, was für ihre Heilung nötig ist.

Sie hören einfach auf zu fressen und ziehen sich an einen ruhigen Ort zurück, damit die Natur ihren Lauf nehmen kann. Mit anderen Worten: Sie wehren sich nicht gegen den Prozess, der vom Schmerz ausgelöst wird.

Das ist Weisheit!

Die Erkenntnis, dass Schmerz und Freude eng beieinander sind,

        Seite

                an

                      Seite

wie Einatmen und Ausatmen, ist sehr wichtig,
damit wir beides in unsere Lebenspraxis integrieren können.

Das Leiden annehmen

Es ist eine erwiesene Tatsache, dass die Überlebenden der Konzentrationslager überwiegend Menschen waren, denen es gelang, ihr Leiden uneingeschränkt anzunehmen.

Sie akzeptierten das Unabänderliche und konzentrierten sich darauf, für sich und für ihre Mitgefangenen einen Sinn im Leiden zu finden.

Menschen, die ihre Situation und den Verlust von Eigentum, Stellung und Macht nicht akzeptieren konnten, waren einfach nicht imstande, sich über ihr Leiden zu erheben; als wären sie bereits innerlich gestorben, noch bevor sie das Lagertor passiert hatten.

Leiden ist keine Strafe,

sondern ein Geschenk,

doch wie bei allen Geschenken

kommt es darauf an,

wie wir es entgegennehmen...

Leid lässt sich wandeln

„Ich wanderte so durch die Dünen des Lebens und fühlte mich elend, voller Schmerz, schlecht behandelt, verlassen und ohne einen einzigen Freund.

Meine abgetragenen Schuhe waren zerrissen und löchrig, meine Füße litten unter den Schnittwunden und Blasen. Die Sonne brannte mir aufs Gesicht, und ich war schweißüberströmt. Ich empfand mein Leiden als extrem.

Dann begegnete ich einem Mann, der auf dem Boden saß - er hatte keine Beine. Seine ausgedörrte Haut war nur von Lumpen bedeckt, und seine Augen sprachen von einem Ausmaß an Leiden, das meine Vorstellungskraft überstieg.

Plötzlich war ich voller Mitgefühl für diesen Mann. Im selben Moment schien mein eigener Schmerz völlig zu verschwinden und sich in tiefe Dankbarkeit zu verwandeln für das, was ich hatte. Das schmutzige Paar abgetragener Schuhe war mir nun egal - immerhin hatte ich Beine und Füße, um sie anzuziehen."

**Schmerz und Leid können sich,
einfach durch einen Wechsel der Perspektive, plötzlich umkehren.**

Wenn wir den Weg zu dieser Umkehrung finden, ist das eine der größten Entdeckungen im Leben. Unser Leid ist die grosse Barriere, die uns gesetzt wurde, damit wir erfahren, was wir im Leben zu lernen haben.

Zweiter Teil

Den Tanz meistern

Zweiter Teil: **Den Tanz meistern**

	Seite
Erklärung der Body/Heart/Mind-Technik	45
Wut/Kreativität/Lebenskraft	53
Angst/Mut/Stärke	73
Einsamkeit/Einssein	91
Alleinsein	101
Unzulänglichkeit/Selbstwertgefühl	111
Krise/Transformation	125
Hass/Liebe	143
Urteil/Mitgefühl	157

	Seite
Zurückweisung/Selbstliebe	171
Depression/Selbstbestärkung	183
Trauer/Erneuerung	197
Schuld/Freiheit	209
Neid und Eifersucht/Innere Sicherheit	219

Die BHM-Technik

Was ist die Body/Heart/Mind-Technik?
Sanfte Bewegungen
Gesten
Visualisierungen
Affirmationen und Laute
Achtsames Gehen
Bewusstes Atmen
Der Zusammenhang zwischen Körper und Gefühlen

Die Body/Heart/Mind-Technik (übersetzt: Körper/Herz/Geist-Technik) umfasst Methoden, die den Menschen vom körperlichen, emotionalen, verstandesmäßigen und intuitiven Aspekt her betrachten.

Vom **Körperlichen** her gesehen sind unsere Gesundheit und emotionale Balance, unser Schwung und unsere Energie, eng mit der Balance der Hormone im endokrinen System verbunden. Ein Ungleichgewicht in diesem oder einem der anderen sieben physiologischen Systeme des Körpers hat nicht nur körperliche, sondern auch emotionale Auswirkungen.

Es ist wichtig zu wissen, dass der Geist die Kraft und die Macht hat, über den Körper zu bestimmen. Die körperlichen und mentalen Aspekte sind uns gut bekannt. Es gibt jedoch einen dritten Aspekt, den die wenigsten Menschen kennen, und das ist die **Perspektive des Herzens.** Das Herz ist so mächtig, dass es die körperlichen, emotionalen und mentalen Aspekte des Menschen wieder völlig ins Gleichgewicht bringen kann. Wir nennen dies die **Herzenskraft**.

Anstatt gegen unkontrollierbare und übermächtige Gefühle und mentale Zustände anzukämpfen, können wir unsere Energie darauf verwenden, **das Wirken der Herzenskraft zu verstehen und zu lernen, in jeder Situation ihre volle Stärke einzusetzen.**
Es ist jedoch eine verborgene Kraft, und wir müssen sie zu aktivieren wissen, um zu jener Energie Zugang zu bekommen, mit der wir die Negativität in unserem Inneren in eine Erfahrung umwandeln können, die unser Leben tatsächlich befreit und bereichert.

Vom physiologischen Standpunkt aus gesehen befindet sich die Herzenskraft in dem starken Energiefeld, das unser Herz umgibt und antreibt. Es ist dieselbe Kraft, die unser Herz über eine Million Mal in einem Menschenleben schlagen lässt, und die wichtigste Antriebskraft des menschlichen Körpers.

Auf mentalem und emotionalem Gebiet ist die Herzenskraft das Tor zur Intuition. Mit Hilfe der Intuition können wir uns ohne Widerstand dem Strom des Lebens hingeben.

Wenn unsere Intuition ungehindert fließt, haben wir keine Probleme, was immer wir tun; alles gelingt uns ganz selbstverständlich. Deshalb ist es das Ziel aller Methoden der

Body/Heart/Mind-Technik, diese Herzenskraft zu erschließen und zu einer zentralen Kraft in unserem Leben zu machen.

Das Erstaunlichste an der Herzenskraft ist, dass sie so leicht zugänglich ist. Um sie zu aktivieren, müssen wir uns nur auf sie konzentrieren und auf sie achten. Wenn das alle Menschen wüssten, wäre es ein Kinderspiel, die Welt zu heilen! Das erste Hindernis, das es zu überwinden gilt, ist der **Zweifel**.

Glaube an die Existenz der Herzenskraft, dann gehe einen Schritt weiter und setze sie ein.

Die Body/Heart/Mind-Technik zeigt dir, wie es geht.

 Herzenskraftsymbol

BHM-Technik

Die Body/Heart/Mind-Technik lehrt dich, dein ganzes Selbst und deine Umgebung als eine geschlossene Einheit von Atmen, Gehen und Heilung einzusetzen.

Die BHM-Technik ruft dich dazu auf, Folgendes zu praktizieren:

1. Bewege den Körper leicht und sanft.
2. Setze Handbewegungen und Gesten ein.
3. Entwickle kreative Visualisierungen.
4. Verwende Laute und Affirmationen.
5. Atme bewusst.
6. Gehe achtsam.

Warum?

Sanfte Bewegungen strecken und entgiften überanstrengte Muskeln und Organe, sie richten das Skelettsystem wieder auf, entspannen das Nervensystem, regen das Immunsystem an, speisen die Vitalität und verhelfen uns zu einem effektiven Umgang mit Energie.

Gesten und Handbewegungen wirken auf das feinstoffliche Energiesystem; sie stellen das Gleichgewicht zwischen Energien, Hormonen und Nervenimpulsen wieder her. Seit Jahrhunderten werden auf dem indischen Subkontinent Handstellungen und -bewegun

gen eingesetzt, um auf die hormonellen Veränderungen einzuwirken, die Emotionen produzieren.

Wir alle machen täglich Handbewegungen und drücken damit unsere Gefühle aus, aber wer weiß schon, dass wir mit jeder Bewegung den Gedanken verstärken, der dieser Geste zu Grunde liegt? Churchill z.B. setzte das „V" von „Victory" (Sieg) ein, um seine Entschlossenheit, den Krieg zu gewinnen, zu unterstreichen. Auch das berühmte Zeichen mit dem hochgestellten Daumen bestärkt die Auffassung, dass etwas toll oder gut ist.

Visualisierungen stärken den Geist, indem seine Macht dazu eingesetzt wird, unsere Energien auf Heilung, Genesung und den Ersatz alter, ungewollter Gedankenmuster zu richten. Manager und Verkaufsteams setzen diese Technik ein, um kommerzielle Erfolge zu erzielen.

BHM-Technik

Affirmationen und Laute sind der Schlüssel zur Transformation unserer Gefühle, indem wir unsere Art zu denken verändern. Die Laute, die wir produzieren und die Worte, die wir sprechen, haben einen gewaltigen Einfluss auf unsere Gefühle auf jeder Ebene, sowie auf die Entwicklung unserer Beziehungen. Seit Jahrtausenden werden Klänge eingesetzt, um für Körper/Geist/Gefühl ein bestimmtes Umfeld zu schaffen. So haben wir alle schon selbst erlebt, wie ein Musikstück, das wir lieben, unsere Gefühle verändert hat.

Bewusstes Atmen beruhigt unsere Emotionen und regt den Geist an. Es aktiviert das parasympathische Nervensystem, was wiederum Stress und Angst vermindert und ein Gefühl der Ruhe und Beherrschung erzeugt.

Achtsames Gehen ist nicht nur eine sportliche Übung, sondern hilft auch, mit sich selbst in Berührung zu kommen und ein Energiepotential freizusetzen, das die geistige und körperliche Vitalität und Ausdauer fördert. Das Gehen in freier Natur vermittelt ein Gefühl von Freiheit und weitem Raum; oft steigen dabei kreative Gedanken auf und nehmen Gestalt an. Gehen verändert auch Energie und gibt ihr eine andere Form (Wut kann so zu Güte werden). Wir können uns dabei entspannen und vom Stress erholen. So betrachtet ist das Gehen eine ganz eigene Form der Therapie.

BHM-Technik

Die Methoden der Body/Heart/Mind-Technik erkennen die enge Beziehung zwischen Gefühlen und Körperorganen an und arbeiten damit. Dieses Zusammenspiel ist der östlichen Wissenschaft und der Medizin der Urvölker wohl bekannt. Gefühle sind eine Energieform und setzen sich jeweils in bestimmten Bereichen unseres Körpers fest, wenn sie kein Ventil oder keine Möglichkeit der Transformation finden.

Gefühle beeinflussen unseren Körper genauso, wie ein Zusammenbruch unseres körperlichen Wohlbefindens unsere Gedanken und Haltungen beeinflusst. Wenn wir uns zum Beispiel krank fühlen und unser Körper wenig vital ist, steigen oft negative Gedanken auf. In gleicher Weise wirken negative Gedanken früher oder später auch auf den Körper ein (siehe Anhang).

Wie angestaute Hitze

in Energie verwandelt wird,

kann auch unsere Wut,

wenn wir sie meistern,

sich in eine Kraft verwandeln,

mit der wir die Welt bewegen können.

Mahatma Gandhi

Aus der Wut

zu Kreativität

und Lebenskraft

WUT

Wut/ Kreativität/ Lebenskraft

In einer bitterkalten und dunklen Chanukka-Nacht versammelten sich die 200 Leute des Friedenstreffens vor den Toren des Konzentrationslagers von Auschwitz. Die meisten waren Juden und hatten eine direkte Beziehung zu diesem Ort und dem, was sich vor Jahrzehnten hier ereignet hat.

Sie hatten jüdische Lieder gesungen, und als jeder die neun Kerzen der Menorah in seinen Händen anzündete, fühlte sich die ganze Gruppe innig verbunden.

Ich blickte mich um und staunte über die Gesichter dieser Menschen, die so weite Reisen auf sich genommen hatten und mit so großen Erwartungen hergekommen waren. Ich sah, wie sich ihre Tränen im Kerzenlicht spiegelten und dachte an die Menschen, die durch dieses Tor gegangen waren.

Dass so etwas tatsächlich geschehen war...

Wut/ Kreativität/ Lebenskraft

Wie oft mochte die jüdische Chanukkanacht hier vorübergegangen sein - ungefeiert. Die Flammen tanzten in unseren Augen, und die Klänge der jüdischen Gesänge drangen an unser Ohr. Wir alle wünschten, dass jede entzündete Kerze eine Seele befreien möge.

Auch ich, ein Nicht-Jude, spürte die tiefe Bedeutung dieser gemeinsamen Gebete. Als das letzte Lied leise ausklang, schrie plötzlich eine junge Frau neben mir auf: „Wie konnten sie meiner Mutter und meinem Vater das antun?" Sie war das Kind von Auschwitz-Überlebenden, und dieser Schmerz loderte in ihren Augen. Ich legte tröstend den Arm um ihre Schultern, doch sie schüttelte mich ab.

„Warum sollte ich nicht wütend sein?", fragte sie empört. „Versuchen Sie nicht, mir das wegzunehmen, denn meine Wut ist die Stärke und die Kraft, die ich brauche, um dafür zu sorgen, dass Auschwitz nie wieder geschieht."

Wut/ Kreativität/ Lebenskraft

Die stählerne Härte in ihren Worten sprach von der mächtigen, transformierenden Energie der Wut, die uns zum Handeln antreibt, wenn sie gelenkt wird. Ohne Lenkung kann der Ausdruck von Wut jedoch zerstörerisch sein, denn Wut wirkt nicht harmonisierend. Da alles Leben auf Harmonie gründet, müssen wir die Konsequenzen tragen, wann immer die Harmonie gestört wird.
Mansukh

**Wenn wir unsere Wut nutzen können,
um etwas über eine Disharmonie in unserem Innern zu lernen,
wird sie zu einer positiven Erfahrung.**

Wut/ Kreativität/ Lebenskraft

Wut ist mein Schutzschild, wenn ich mich vom Leben und von Menschen bedroht fühle. Sie ist mein Panzer gegen eine feindliche Welt. Sie verbirgt meine Verletztheit und meine Schmerzen, die ich lieber nicht fühlen will.

In Wirklichkeit bietet sie jedoch keinerlei Schutz, ja sie öffnet geradezu dem, was wir fürchten, Tür und Tor.

Wut ist meine vermeintliche Stärke, die feurige Waffe, die ich einsetze, um Herrschaft auszuüben und meinen Willen durchzusetzen.

Wenn wir davon absehen können, Wut zur Manipulation von Ereignissen einzusetzen, bekommen wir Zugang zu unserer wahren Kraft.

Wut/ Kreativität/ Lebenskraft

Ich bin wütend, wenn sich meine Erwartungen nicht erfüllen.
Sind meine Erwartungen realistisch und vernünftig?

Manchmal reagieren wir mit Wut, wenn wir uns bedroht fühlen. Wenn wir uns mit unserer Verletztheit und Angst nicht sicher fühlen, schlagen wir zurück. Wenn wir unsere Verletztheit ehrlich aussprechen, stellen wir fest, dass sich die Wut auflöst.

Die Menschen um uns spiegeln wider, was in unserem Innern vorgeht.

Da Wut am gleichen Punkt entsteht wie Kreativität, ist es vielleicht an der Zeit, diese Energie anzuerkennen und uns innerlich einer höheren Ebene des Ausdrucks zu öffnen.

Es ist egal, welche **Ursache** unsere Wut hat, **wirklich wichtig** ist nur, was wir mit ihr anfangen. Wut muß verstanden und nutzbar gemacht werden, damit sie in **Kreativität** und **Lebenskraft** verwandelt werden kann.

Das Geschenk zurückweisen

Einst besuchte Buddha ein indisches Dorf, und die Menschen strömten herbei, um ihm zu lauschen. Ein junger Mann war so gefesselt, dass ihm jedes Zeitgefühl abhanden kam und er seine Pflichten auf dem Bauernhof seines Vaters vergaß. Der Vater schickte einen anderen Sohn nach ihm aus, aber auch er ließ sich von Buddhas Worten fesseln. Bald wurde ein weiterer Sohn ausgesandt, und die Geschichte wiederholte sich.

Da machte sich der Vater voller Zorn selbst auf den Weg. Er drängte sich durch die Menge, ergoss eine wütende Schimpftirade über Buddha und beschuldigte ihn, junge Leute von ihren Verpflichtungen wegzulocken, anstatt sie den Wert von harter Arbeit und Loyalität ihren Eltern gegenüber zu lehren.

Wut/ Kreativität/ Lebenskraft

Buddha lächelte und sagte: „Mein Freund, wenn ich in dein Haus komme, ein Geschenk mitbringe und du nimmst das Geschenk entgegen, wem gehört es dann?"

„Mir natürlich", antwortete der Vater ein wenig überrascht.

„Und wenn du das Geschenk zurückweisen würdest, wem würde es dann gehören?" Der Mann war nun bereits sehr irritiert, aber er erwiderte: „Dir, aber was soll das alles?"

Darauf sagte Buddha: „Du schenkst mir in diesem Moment Wut, und ich weise das Geschenk zurück. Deshalb bleibt es bei dir."

Wenn Menschen in deiner Umgebung wütend werden, nimm dir ein Beispiel an Buddha und **entscheide dich, die Wut nicht anzunehmen**. Wenn du Wut mit Wut beantwortest, wirst du nie eine Lösung für die schwierige Situation finden. Du möchtest die Wut, der du begegnest, unterdrücken und denkst: „Wenn du brüllst, brülle ich noch lauter!" Das bringt dich nicht weiter.

Wenn du wirklich etwas vom Leben lernen willst, frage dich ehrlich:

„Warum wird mir diese Wut geschickt?"

Das Universum führt uns immer zur Erkenntnis dessen, was wir über uns lernen müssen. Wenn das wiederholt geschieht, ist zu überlegen, welcher Teil deines Selbst diese Erfahrung anzieht. Waren deine Eltern über dich als Kind oft wütend? Bist du also dieses Gefühl aufgeladener Energie um dich herum gewohnt? Vielleicht hältst du Wut, die einen kreativen Ausdruck braucht, in dir zurück?

Wut/ Kreativität/ Lebenskraft

Frustration, Irritation und Ungeduld sind Boten, die einem Sturm von Wut vorangehen. Wir haben möglicherweise das Gefühl, dass all unsere Anstrengungen ins Leere laufen und wir nichts erreichen. Frustration ist ein guter Hinweis dafür, dass eine Menge Energie vorhanden ist, die nur eine neue Ausdrucksform braucht. Weise deiner Energie eine neue Richtung.

Haltung
1. Begegne deiner Frustration sehr positiv!
2. Betrachte sie als Ansporn, effektiver zu werden.

Veränderung
3. Denke über neue und andere Wege nach, die dich deinem Ziel näher bringen können.
4. Richte deinen Blick auf einen Menschen, der erreicht hat, wonach du strebst, und bitte ihn um Rat.

Der Zehn-Stufen-Plan zum Umgang mit Wut

1. Gehe mit Geschick vor: Agiere, statt zu reagieren.

2. Widerstehe: Dem mächtigen Drang, die Wut auszudrücken.

3. Übernimm Verantwortung: Meine Wut ist mein eigenes Werk, und nur mein eigenes. Denk daran, dass dich niemand wütend machen kann und es nie einen Grund gibt, anderen die Verantwortung zuzuschieben, **egal was sie getan haben.** Die anderen sind nur Katalysatoren.

4. Lege Rechthaberei ab: Ich habe aber recht! Das mag sein, aber manchmal ist es einfach zu schmerzlich, im Recht zu sein. Kommuniziere mit anderen so, wie du gerne angesprochen sein möchtest. Wie möchtest du behandelt werden?

Wut/ Kreativität/ Lebenskraft

5. Frage dich: Möchte ich mich wirklich wütend fühlen? Wird es etwas ändern? Lohnt es sich, dafür meine innere Ruhe aufzugeben?

6. Gib der Wut eine neue Richtung: Laufen, Tennis oder Squash spielen, Radfahren, Schwimmen und so weiter. Wut lässt dich schneller und weiter laufen! Benutze sie, um deiner Gesundheit etwas Gutes zu tun!

7. Kreativität: Malen, Singen, Tanzen, Töpfern, Tai Chi - nutze jede Ausdrucksmöglichkeit deiner Persönlichkeit. Vielleicht möchtest du einen Teich anlegen?

8. Nutze deinen Atem: Achte auf das Kommen und Gehen deines Atems. Hole beim Einatmen Frieden herein und lasse beim Ausatmen diesen Frieden durch den ganzen Körper strömen

oder

9. Atme ein: Halte den Atem an und zähle bis zehn. Atme langsam und sachte aus und lasse dabei deine Frustration los.

10. Wenn du in einer Situation steckst, die dich wütend macht: Steh auf und gehe hinaus. Gehe spazieren und sage dir: „Ich werde so lange gehen, bis die Wut weg ist." Du wirst staunen, wie schnell du deine Wut loslassen kannst! (Vor allem, wenn es regnet!)

Wut/ Kreativität/ Lebenskraft

Das Löwenherz

1. Stelle dich mit geschlossenen Füßen und Knien hin, falte die Hände über dem Kopf, drücke die Arme an die Ohren.

2. Beuge die Knie. Halte den Rücken gerade und atme aus. Die Fersen bleiben am Boden.

3. Atme gleichmäßig, ziehe die aneinandergelegten Hände auf den Kopf herab. Bleibe 15 bis 30 Sekunden in dieser Haltung. Strecke dich wieder.

4. Lege dich auf den Boden, das Gesicht nach unten, die Beine gespreizt, der Kopf liegt auf den Händen. Rolle die Fersen nach innen. Atme sanft in den Unterbauch. Fühle beim Ausatmen, wie die Wut in den Boden unter dir abfließt.

Die Wechselatmung

Lege den rechten Daumen leicht an den rechten Nasenflügel, Zeigefinger, Mittel- und Ringfinger zwischen die Augenbrauen und den kleinen Finger leicht an den linken Nasenflügel. Schließe mit dem kleinen Finger das linke Nasenloch. Atme durch das rechte ein. Lege den Daumen gegen den rechten Nasenflügel, lasse den linken los und atme aus.
Atme durch das linke Nasenloch ein, schließe dann die linke Seite, lasse die rechte Seite los und atme aus. Das ist eine Sequenz. Bis zu fünfmal wiederholen.

Diese Übung bringt die beiden Hirnhälften ins Gleichgewicht und beruhigt die Stürme der Wut im Inneren.

Wut/ Kreativität/ Lebenskraft

Die Geste der Toleranz

1. Kleine Finger und Ringfinger berühren sich

2. Mittelfinger und Zeigefinger berühren sich

3. Alle fünf Fingerspitzen berühren sich. Halte bei jeder Geste eine Minute lang inne, um Wut, Frustration und Ungeduld aufzulösen. Konzentriere dich auf die Farbe Rosa.

Diese Geste löst Ärger auf.

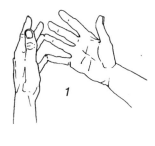

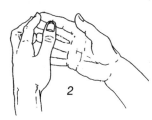

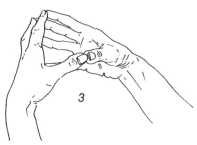

Liebe ist tatsächlich wichtig

Eine sehr kreative amerikanische Lehrerin gab eines Tages jedem der Kinder in ihrer Klasse drei Bänder zum Anstecken, auf die sie geschrieben hatte: „Auf mich kommt es wirklich an."

Sie bat die Kinder, ein Band zu tragen, die anderen beiden einem Menschen zu geben, den sie bewundern und ihn zu bitten, das dritte Band auf gleiche Weise weiterzugeben. Ein Junge gab sein Band einem Mann, der ihm bei seiner Projektarbeit geholfen hatte. Als hochrangiger Geschäftsmann hatte er selten Zeit, innezuhalten und über solche Aussagen nachzudenken. Doch diese Geste berührte ihn tief, aus welchem Grund auch immer.

Während der abendlichen Heimfahrt überlegte er, wem er das andere Band geben könnte. Als er zu Hause war, sah er seinen Sohn auf dem Sofa sitzen. Ohne zu überlegen, ging er auf ihn zu und sagte: „Ich weiß, dass ich selten Zeit für dich habe, und dass ich dir nie sage, wie viel du mir bedeutest, aber ich möchte dir dieses Band geben, damit du weißt, dass du mir wirklich sehr wichtig bist."

Zu seiner Überraschung fing der Junge heftig an zu schluchzen. Sein Vater nahm ihn in die Arme, bis er wieder sprechen konnte. Schließlich erkärte ihm sein Sohn: „Papa, ich hatte vor, mich morgen umzubringen, weil ich mir sicher war, dass ich niemandem wirklich etwas bedeute."

**Sage einem Menschen, dass du ihn liebst.
Tu es heute noch.**

Kommt an den Rand, sagte er.

Nein, wir haben Angst.

Kommt an den Rand, sagte er.

Sie kamen, er versetzte ihnen einen Stoß... und sie flogen.

Guillaume Appollinaire

Aus der Angst

zu Mut

und Stärke

ANGST

Angst/ Mut/ Stärke

Nachdem wir in Jerusalem an einer Friedenskonferenz teilgenommen hatte, gingen wir über die Grenze von West- nach Ostjerusalem, um eine französische Friedensaktivistin zu besuchen, die bereits über fünfzehn Jahre in dieser Region lebte.

Ihr Haus, sie hat es „Die Arche" genannt, ist auf der West Bank sehr bekannt. Es war an diesem Morgen von israelischen Soldaten überfallen worden, was wir aber nicht wussten.

Als wir uns dem Ort Abadiz näherten, empfing uns eine Atmosphäre von Angst und Spannung. Die jungen Soldaten auf der Straße wirkten sehr ängstlich und nervös.

Wir sprachen sie an und versuchten, die Spannung zu lockern. Bald wurde klar, dass sie nur sehr ungern in dieser Gegend Dienst taten, die für sie Terroristengebiet war. Sie fragten uns, warum wir in dieses Gebiet gehen wollten, und als wir antworteten, wir hätten dort eine Freundin, sagten sie: „Dort hat niemand Freunde."

Angst/ Mut/ Stärke

Die Angst um das eigene Leben machte es ihnen unmöglich, die Palästinenser als Menschen zu sehen, die Menschenrechte, Hoffnungen und Wünsche haben, genau wie sie. So kann Angst sehr isolierend und trennend wirken und uns davon abhalten, anderen Leuten mitmenschlich zu begegnen.

Rita

Angst ist eine Vorstellung - keine Realität.

Angst/ Mut/ Stärke

Angst kann uns völlig lähmen. Sie steht in direktem Zusammenhang mit unserer Vorstellung. Wenn du denkst, sie ist groß - dann ist sie es. Wenn du denkst, sie ist unbedeutend - dann ist sie es.

Angst hemmt uns und läßt uns unangemessen reagieren. Wenn wir uns den **Ängsten stellen**, merken wir, dass sie nicht real und eigentlich grundlos sind.

Der Gedanke an das, was **passieren könnte,** ruft die Angst hervor.

Das einzige, was die Angst nehmen kann, ist, **dem Leben direkt gegenüberzutreten,** ohne irgendwelche vorgefassten Meinungen.

Vergiss nicht, dass deine tiefsten Ängste deine größten Stärken hüten.

Angst/ Mut/ Stärke

Sasamori ist ein buddhistischer Mönch, der mehrere Friedensmärsche in Kriegsgebiete angeführt hat. Wenn er sich in einer potentiell gefährlichen Situation befand, erlebte er sie immer ganz anders, als er vorher angenommen hatte. Daraus schloss er, dass es besser war, **sich nie mit Vermutungen zu belasten.**

Sein Lehrer schickte ihn zu einem Friedensmarsch nach Nicaragua, wo seit einigen Jahren Bürgerkrieg herrschte. Er tat sich mit einer christlichen Friedensgruppe zusammen und mit Hunderten von Dorfleuten, die auch mitgehen wollten.

Zwei Tage vor Beginn des Friedensmarsches erhielten sie eine Warnung der Contra-Soldaten: Das Betreten ihres Territoriums würden sie mit dem Tod büßen.

Sasamori wollte seinen Plan, durch das Krieggebiet zu gehen, keinesfalls aufgeben, mochte aber unter diesen Umständen niemanden mitnehmen.

Angst/ Mut/ Stärke

Die anderen sagten jedoch alle übereinstimmend: „Unsere Leute sind für den Krieg gestorben, da können wir doch für den Frieden sterben." Sie gingen furchtlos in die Konfliktzone, und wie durch ein Wunder wurde kein einziger Schuss auf sie abgegeben.

Er lernte daraus, welche Kraft darin liegt, Gott das Höchste darzubieten - das eigene Leben. Indem du dein Leben für den Frieden aufs Spiel setzt - trotz deiner Todesangst - bist du beschützt, weil eine höhere Macht am Werk ist.

Wir fragten ihn, ob er sich nie fürchte, und er erwiderte: „Doch, ich fürchte mich meistens und muss viel beten, wenn ich einen solchen Marsch unternehme. Irgend etwas beschützt mich immer. Im Angesicht des Todes wird dir der Boden unter den Füßen weggezogen. Du lässt deine persönliche Unterstützung los und überlässt es Gott, dich zu stützen."

Angst/ Mut/ Stärke

Die Angst vor dem Tod ist die Wurzel jeder Angst.

Es gibt ein allgemeingültiges Gesetz, das besagt: „Was unserer Natur entspricht, können wir auf natürliche Art akzeptieren."

Wir suchen nach Glück, weil Glück unsere wahre Natur ist. So sehnen wir uns nach ewigem Leben, weil das natürlich ist für uns, und wir fürchten den Tod, weil wir denken, er sei das Ende. Wenn wir unsere ewige Natur erkennen, an sie glauben und lernen, der perfekten Harmonie zu vertrauen, die das Universum bewegt, stellen wir fest, dass wir nichts zu fürchten haben.

Wenn es dir gelingt, die Angst vor dem Tod zu überwinden, wirst du nichts mehr fürchten.

Glaube an die Macht des Lebens!

Angst/ Mut/ Stärke

Angst ist eine überaus starke Energie. Sie lässt uns unglaublich schnell rennen, wenn wir bedroht werden und Dinge tun, die uns vorher unmöglich erschienen.

Angst an sich ist kein Feind, denn ohne sie würden wir Gefahren nicht erkennen. Sie hält uns davon ab, an einer Klippe Rollerskate zu fahren oder an einer Stelle zu tauchen, wo es Haifische gibt.

Sie muss also nicht eliminiert werden. Wir müssen nur ihr Wesen und ihre Botschaft an uns verstehen. Wenn wir sie uns zum Feind machen, wird sie sich nur noch tiefer in uns einnisten.

Nimm ein Nein nie als Antwort.
Du kannst alles tun, wenn du bereit bist, darum zu bitten,
und vergiss nicht:
Auch für außergewöhnliche Taten
sind gewöhnliche Menschen nötig.

Angst/ Mut/ Stärke

Verständnis transformiert Angst. Schau auf die Ursache deiner Angst. Woher kommt sie?

Vertrauen löst Angst auf. Vertrauen darauf, dass wir nicht zerstört werden - egal was geschieht. Vertrauen darauf, dass das Leben uns immer unterstützt, was wir auch tun.

Wenn du vor 60 000 Menschen eine Rede halten musst, wird das Universum dir die Fähigkeit und die Kraft dazu verleihen. Wenn du darauf **vertraust,** wirst du die Rede halten können. Wenn du **nicht vertraust,** wirst du von der Angst beherrscht werden und zittern wie Espenlaub! **Vertraue also dem Leben** und gehe einfach los!

Erkenne, dass du immer geborgen bist, und die Angst wird verschwinden.

Angst/ Mut/ Stärke

Wenn wir Situationen vermeiden, in denen wir uns unbehaglich fühlen, lassen wir zu, dass Angst unser Leben dominiert.

Furcht, Angst und Sorge sind Hinweise auf das, was geschehen wird und worauf wir uns vorbereiten sollen.

1. Stell dir eine angstmachende Situation vor. Was musst du tun, um darauf vorbereitet zu sein?

2. Stell dir vor, wie du die Situation erfolgreich meisterst - ohne Angst und voller Vertrauen und Mut.

Angst/ Mut/ Stärke

1. Lokalisiere deine Angst

Es gibt in deinem Geist einen Teil, der Angst hat und einen Teil, der keine Angst hat.

Schaue den ängstlichen Teil an.

Atme in diesen Teil ganz bewusst hinein.

Atme aus und umgib ihn mit dem Teil, der keine Angst hat.

Frage dich: „Was wäre das Schlimmste, das passieren könnte??"

Stell dir alle Einzelheiten vor, den ganzen Weg, bis zum logischen Ende. Ist es wirklich so schlimm, wie du dachtest? Der Angst ins Gesicht sehen bedeutet, dass sie keine Macht mehr über dich hat.

Angst/ Mut/ Stärke

2. Pflege deine innere Stärke. Sei dir bewusst, dass du ein kraftvolles Wesen bist, und setze dir ein Ziel, das deine Angst in den Hintergrund drängt. Entscheide dich, dein Leben nach deinen Wünschen zu gestalten. Zum Beispiel: „Ich werde in den nächsten fünf Jahren zweitausend Menschen glücklich machen oder zum Lächeln bringen." Überlege dann, wie du das bewerkstelligen wirst.

3. Respektiere dich, tu dir möglichst viel Gutes, um so alle Dinge, die dir Angst vermitteln (zum Beispiel in den Medien) auszuschließen.

4. Lebe in der Gegenwart - vergiss Vergangenheit und Zukunft.

5. Atme das Gefühl von Frieden ein, atme die Angst aus.

Angst/ Mut/ Stärke

Die Geste der Offenheit

1. Lege deine linke Hand, die Innenfläche nach oben, auf dein linkes Knie.

2. Hebe deine rechte Hand vor das Gesicht und spreize die Finger weit auseinander. Bewege die Hand leicht hin und her, wie ein Blatt im Wind. Tu dies mindestens 30 bis 60 Sekunden.

Diese Geste löscht Angst aus und schafft Raum für Offenheit.

Angst/ Mut/ Stärke

 Die Geste des Mutes

Hebe deine offenen Hände auf Schulterhöhe, die Innenflächen weisen nach vorn. Ziehe die Hände zum Brustkorb und fühle, wie sich die Schulterblätter zusammenziehen. Bleibe mindestens 30 Sekunden in dieser Haltung.

Diese Haltung erweckt den mutigen Löwen in uns.

Angst/ Mut/ Stärke

Strecken und Loslassen

1. Verschränke die Hände hinter dem Rücken.

2. Atme ein und zieh die Arme hinter dir hoch. Beuge dich beim Ausatmen langsam von der Hüfte aus nach vorn, halte dabei die Arme gestreckt nach oben. Atme ganz locker, etwa 30 bis 60 Sekunden.

3. Lass die Knie locker, atme langsam ein, richte dich vom Ende des Rückgrats her auf. Lass die Hände los.

Angst/ Mut/ Stärke

 Flug ohne Furcht

1. Strecke die Arme seitlich in Schulterhöhe aus. Beuge dich nach vorn und atme aus. Die Hände berühren die Füße, die rechte Handinnenfläche liegt oben. Atme ganz normal.

2. Lass die Knie locker. Atme ein, richte das Rückgrat langsam auf. Halte die rechte Handinnenfläche über der linken.

3. Atme weiter ein, hebe die Hände langsam vor den Oberkörper, dann über den Kopf. Bleibe in dieser Haltung. Blicke leicht nach oben.

4. Atme aus, senke die Arme dabei auf Schulterhöhe herab und wiederhole die Übung. Etwa drei Minuten lang üben.

Stille ist der Reichtum der Seele,

Einsamkeit ist ihre Armut.

May Sarton

Aus der Einsamkeit zum Einssein

EINSAMKEIT

Einsamkeit fühlt sich nicht natürlich an

und steht nicht im Einklang mit unserem Wesen;

doch wir müssen lernen, dass Freundschaft nichts Passives ist;

sie braucht, um zu erblühen, unser aktives Mitwirken.

Die Friedensformel

Einsamkeit / Einssein

Bist du schon einmal allein gewesen? Wirklich allein?

Wir sind dem Alleinsein begegnet, als wir über das Hochland von Wales wanderten. Wir waren allein in einer kargen Landschaft, nirgendwo ein Baum, kein Gebäude, nichts trennte uns vom Horizont.

Anfangs überwiegt die Erleichterung, besonders nach den dicht besiedelten Midlands. Das Alleinsein kann uns zu der Kraft und Klarheit verhelfen, die wir brauchen, um unseren Beziehungen und unserem Leben einen Sinn zu geben.

Allzu weit getrieben, wird Alleinsein zu Einsamkeit, und statt Kraft und Energie zu gewinnen, verlieren wir auf einmal Energie, Vitalität und Lebensfreude.

Einsamkeit/ Einssein

Wie kommt es, dass trotz der vielen Menschen auf der Welt die Einsamkeit heutzutage eine der größten Plagen der Menschheit ist?

Es ist nicht natürlich, dass der Mensch so einsam und vereinzelt ist, wie wir es durch unsere moderne Gesellschaft geworden sind. Es hat den Anschein, als würde Einsamkeit uns durch unsere Umgebung aufgezwungen. Uns muss jedoch klar werden, dass wir sie selbst verursacht haben, und zwar durch:

Angst und gegenseitiges Misstrauen, durch
Selbstsucht und die Weigerung, mit anderen zu teilen.

Diese beiden Dinge haben uns innerlich verkrampft, was dazu führt, dass wir uns dem Leben nicht mehr öffnen, sondern uns in unsere kleinen, „sicheren" Räume zurückziehen.

Einsamkeit/ Einssein

Wir alle schaffen einen Abstand um uns herum, durch den wir uns vor den Dingen, die wir fürchten, geschützt fühlen.

Wenn wir wirklich eine Lösung für die Einsamkeit finden wollen, müssen wir uns unseren Ängsten stellen:

**Der Angst, sich anderen zu öffnen,
uns mitzuteilen und** unsere Gedanken, Gefühle, Zeit und Energie **zu teilen.**

Das Gesetz der Anziehung besagt, dass wir die Dinge anziehen, die unsere Gedanken beherrschen. Was denken wir also?

Einsamkeit/ Einssein

Frage dich:

Kann ich mich anderen Menschen öffnen?

Nehme ich mir die Zeit, meine Zeit und Energie mit anderen zu teilen?

Verschließe ich mich vor anderen, um mich sicher zu fühlen?

Habe ich einen Schutzwall um mich herum errichtet, der andere fernhält?

Bin ich bereit, den Schutzwall wegzuräumen und Menschen an mich heranzulassen?

Affirmation: Ich kann mich ungefährdet anderen Menschen öffnen.

Freigebigkeit ist der Schlüssel

1. Schreibe jeden Tag ein paar Zeilen auf eine Postkarte und schicke sie am Wochenende einem Menschen, von dem du weißt, dass er sich darüber freut.

2. Mache jemandem ein überraschendes Geschenk - ohne irgend einen Anlass!

3. Versuche, dich zu öffnen und mit Menschen Verbindung aufzunehmen.

Einsamkeit/ Einssein

Atemübung zur Öffnung des Herzens

1. Stehe mit gespreizten Beinen, die Knie sind locker. Kreuze die Arme mit nach außen gerichteten Handinnenflächen.

2. Atme ein und hebe die Arme vor dem Körper hoch und über den Kopf.

3. Halte ein paar Sekunden inne. Atme aus, senke die Arme und wiederhole die Bewegung.

4. Mindestens dreimal üben.

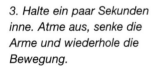

*Fülle, Wärme, Weite. Ich berühre
das grenzenlose Wesen meines Selbst
und fühle mich innerlich sicher.
Ich bin ein Teil aller Dinge und Menschen.
Trennung löst sich auf im Nebel der Illusion,
woher sie gekommen ist.*

Und dann gibt es noch das...

Alleinsein

Alleinsein

Henry David Thoreau lebte zwei Jahre lang völlig allein in einer kleinen Hütte am Walden-See.

Er war nicht einsam, weil er sich mit der ganzen Natur innig verbunden fühlte, mit Blumen und Vögeln, Pflanzen und Blumen, ja mit dem See selbst. Als er anfing, das Wesen des Alleinseins zu verstehen, stellte er fest, dass sich die Menschen einsam fühlen, weil sie nicht verstehen, was Einsamkeit und Abgetrenntsein wirklich bedeuten.

Einsamkeit entsteht nicht, weil keine Menschen in der Nähe sind, sondern durch das Gefühl des Abgetrenntseins vom eigenen Selbst.

In seinem Buch „Walden", das er während dieser Zeit schrieb, stellte er fest: „Ich kann von mir selbst genau so weit entfernt sein wie von einem anderen Menschen."

Alleinsein

Wenn wir glauben, ganz allein in einer feindseligen Welt zu sein, werden wir uns immer einsam fühlen. Mit dem Wort „allein" beschreiben wir einen Zustand des Alleinseins, wenn wir das Wort jedoch analysieren, bedeutet es **„all-eins"** - und das ist die Wahrheit des Lebens.

Wir alle sind durch die Kraft des Lebens, die alle Lebewesen durchdringt, miteinander verbunden. Wie Perlen einer Halskette, jede anders geformt und geartet, aber dennoch verbunden.

Wenn wir uns dieses verbindenden Lebensfadens bewusst werden, ist es schlicht unmöglich, sich einsam zu fühlen.

In der Fülle des Schweigens spüren wir die Einheit, nach der wir uns alle sehnen und nach der wir bei anderen suchen. Nimm dir Zeit, um so still zu werden, dass du diese Einheit fühlst.

Alleinsein

„Der Unterschied zwischen Einsamkeit und Alleinsein liegt nur darin, ob du in der Gegenwart anwesend bist oder nicht..."

So kann man in der Gegenwart sein: Versuche nicht, die Zukunft zu planen oder an die Vergangenheit zu denken. Sei einfach hier, im Jetzt, in der Gegenwart.

Halte deine Hand vor dich hin, der Zeigefinger weist nach oben. Richte deine ganze Aufmerksamkeit auf den Fingernagel.

Sieh ihn an — sieh ihn einfach an — sieh ihn an.

Ob du es glaubst oder nicht, eben hast du einige Augenblicke in der Gegenwart verbracht!

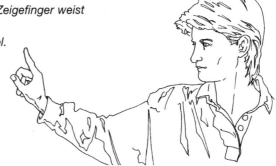

Der Federatem

Atme in der Stille, und du wirst das Alleinsein in dir selbst entdecken. Nimm wahr, wie dein Atem kommt und geht.

Stelle dir eine weiche, weiße Feder vor deiner Nase vor, atme so leicht, dass die Feder nicht weggeblasen wird.

Affirmation: Ich akzeptiere mich voll und ganz.

Die Geste des Alleinseins

1. Setze dich bequem auf den Boden oder auf einen ungepolsterten Stuhl.

2. Verschränke die Finger in der dargestellten Weise, so dass sich die Daumen fest berühren.

3. Die Augen sind halb geschlossen und blicken leicht nach unten.
Atme ruhig und natürlich, wobei das Ausatmen mindestens zweimal so lange dauert wie das Einatmen.

4. Konzentriere dich auf die natürliche Stille, die am Ende des Atemzugs eintritt.

Sich über alles erheben

Als wir durch die französischen Pyrenäen wanderten, flog plötzlich ein riesiger Vogel neben uns vom Boden auf, gefolgt von zwei schwarzen Krähen. Es war ein junger Adler, der schwerfällig mit den Flügeln schlagend über den Boden flatterte und von den Krähen eifrig verfolgt wurde.

Wir beobachteten, wie sich der große Vogel erhob und langsam an Höhe gewann. Er hatte offensichtlich keine Übung im Fliegen. Die Krähen verfolgten ihn unerbittlich, griffen ihn pausenlos an, stießen und hackten mit den Schnäbeln auf ihn ein.

Dann schossen sie blitzschnell außer Sichtweite, während sich der Adler langsam und unbeholfen himmelwärts schraubte. Plötzlich kamen die beiden Krähen wie zwei schwarze Pfeile zurück und ließen sich im Sturzflug auf den Adler fallen, der sofort etwa zehn Meter an Höhe verlor. Der Angriff war heftig und unbarmherzig; immer wieder stießen die Krähen im Sturzflug auf ihn ein.

Dann schien der Adler ganz unerwartet an Stärke zu gewinnen und stieg höher in den Himmel hinauf. Dabei wurden die Bewegungen seiner Flügel langsam, aber stetig immer kräftiger. Recht bald schon konnten die Krähen nicht mehr mithalten und mussten von ihm ablassen. Nun sah der Adler ganz anders aus.

Wir standen wie gebannt, während der große Vogel mehrere Minuten lang über unseren Köpfen kreiste - er war nun sehr hoch am Himmel. Dann glitt er mit hoher Geschwindigkeit über das Tal und entschwand bald unseren Blicken in Richtung Berge. Wir waren Zeugen einer großartigen Szene geworden, einer Szene, die deutlich zeigte, was wir zu tun haben, um Zweifel und Ängste, Wut und Verzweiflung zu überwinden, die uns ununterbrochen bedrängen.

Unsere wahre Stärke und Größe kann sich jederzeit in unserem Innern entfalten. Sie kann uns so hoch tragen, dass nichts und niemand uns mehr treffen kann. **Das ist unser Potential**, und wie der Adler müssen wir vielleicht viele Schläge einstecken, bevor diese majestätische Größe Gestalt annimmt und die Oberhand gewinnt. Sicher ist, dass sie es tun wird, wenn wir an sie glauben und uns von Rückschlägen nicht beirren lassen.

Gib dir die Erlaubnis,

das zu sein, was du sein möchtest.

Es gibt keine größere Gefahr

als Selbstverurteilung,

weil sie dir die wesentliche Kraft entzieht,

mit der du alles vollbringen kannst.

Sie entzieht dir die Inspiration und jede Möglichkeit,

je Erfolg zu haben.

Die Friedensformel

Aus der Unzulänglichkeit zum Selbstwertgefühl

UNZULÄNGLICHKEIT

Unzulänglichkeit/ Selbstwertgefühl

James blickte aus dem Fenster auf die große Eiche, die hoch über dem Tal stand. Er liebte diesen Baum, weil von ihm in einer Welt voller Veränderungen und Unsicherheit Kraft und Kontinuität ausgingen. Er stand da wie ein Fels, beruhigend und tröstlich.

James dachte über sein Leben nach und über die Umstände, die ihn dorthin gebracht hatten, wo er heute stand. Sein Beruf war gut, aber auch anstrengend gewesen und hatte ihm das Gefühl vermittelt, wichtig zu sein und etwas darzustellen.

Das war immer sein Wunsch gewesen, doch nun fühlte er sich einfach überflüssig. Schlimm genug, dass er seine Arbeit verloren hatte, aber dass Jill ihn verlassen würde, als es schwierig wurde, das hätte er nie gedacht. „Ich habe so schwer gearbeitet, um mich als Mensch anerkannt zu fühlen", dachte er, „doch jetzt stelle ich fest, dass ich damit nur überdeckte, was ich tief in meinem Innern tatsächlich fühlte."

Unzulänglichkeit/ Selbstwertgefühl

Er fragte sich, ob sich die Eiche je unzulänglich fühlte. „Nein, sie ist es zufrieden, ein Baum zu sein, sie muss sich nie irgend jemandem beweisen", dachte er. Und wie stark sie war, indem sie einfach sie selbst war. Er stand auf, durchwanderte das Tal und setzte sich unter den Baum.

Er blickte in die Zweige hinauf und fühlte sich so klein im Vergleich. Schmerz brannte in seinem Körper, und er seufzte.

Es fühlte sich so gut an, vor diesem Gefühl nicht mehr wegzulaufen. Es gab nichts mehr zu beweisen und niemanden zu beeindrucken. „Vielleicht kann ich nun meine eigene Größe finden", dachte er.

Es genügt vollkommen, wenn ich einfach ich selbst bin.

Unzulänglichkeit/ Selbstwertgefühl

Unsere gesamte Gesellschaft wird von diesem Machtspiel angetrieben:

„Ich bin besser als du" oder **„Du bist besser als ich."**

Jeder Mensch ist kraftvoll, und keiner ist mächtiger als der andere. Manche haben jedoch Zugang zu ihrer inneren Kraft gefunden und glauben an sie, während sich andere für schwach und ohnmächtig halten.

> **Wenn wir davon ausgehen, dass andere Macht über uns haben,
> wird uns Kraft entzogen.**

In der Tradition der amerikanischen Indianer gilt ein Mensch als mächtig, wenn er **dem rechten Pfad** folgt - wenn er den wahren Sinn seines Lebens gefunden hat.

Um zu unserer Stärke zu finden, brauchen wir eine Vision, die **größer ist als wir** und das große Ganze umfasst - nicht nur uns selbst.

Unzulänglichkeit/ Selbstwertgefühl

Je größer unsere Vision ist, desto kraftvoller und stärker werden wir.

Sich unzulänglich fühlen heißt, nicht an die eigene Fähigkeit glauben, das zu bewältigen, was vor uns liegt.

Frage dich:
1. Besitze ich diese Fähigkeit möglicherweise doch? Nehme ich mich vielleicht nicht richtig wahr?

2. Was möchte ich wirklich tun in meinem Leben? Mittelfristig? Langfristig?
Entwirf einen Plan.

Unzulänglichkeit/ Selbstwertgefühl

Veränderung:
1. Stell dir jeden Tag etwa fünf Minuten lang vor, dass du dein Ziel erreicht hast. Dieser Vorgang ist besonders effektiv, wenn er **kurz vor dem Einschlafen** stattfindet.

2. Suche dir einen Menschen, der in dem Bereich, den du anstrebst, bereits Erfolg hat, und lerne von seiner Erfahrung.

Affirmation: Ich bin erfolgreich.
Ich bin ein starker, selbstsicherer und erfolgreicher Mensch.
Mein Potential ist grenzenlos.

Unzulänglichkeit/ Selbstwertgefühl

Baue ein starkes Selbstbild auf: Erfolgreiche Gedanken schaffen ein erfolgreiches Leben.

Nimm dir jeden Tag etwas Zeit, um ein positives Selbstbild aufzubauen, das deinem Ideal entspricht. Stelle dir vor, wie du erreicht hast, was du erreichen willst.

Suche nach Dingen, die dir an deiner Person gefallen. Mache eine Liste deiner Fähigkeiten.

Konzentriere dich auf das, was du im Leben erreicht hast, nicht auf das, was du nicht erreicht hast. Erkenne deine früheren Erfolge an, wie klein sie auch gewesen sein mögen.

Vergiss nicht: Wie du denkst, so wird es sein.

Unzulänglichkeit/ Selbstwertgefühl

 Die herzliche Umarmung

1. Stell dir vor, du umarmst einen Baum, die Arme in Schulterhöhe.

2. Visualisiere, wie die Stärke und Kraft des Baumes mit jedem Einatmen in dich hineinfließen und sich mit jedem Ausatmen in deinem ganzen Körper ausbreiten.

3. Werde zu einem starken und kraftvollen Baum.

Affirmation: Ich bin stark und kraftvoll.

Unzulänglichkeit/ Selbstwertgefühl

 Der Sonnenatem

1. Setze dich auf deine Fersen. Nimm eventuell ein Kissen oder ein kleines Bänkchen zu Hilfe.

2. Lehne dich beim Einatmen um etwa 5 Grad nach hinten und konzentriere dich dabei auf deinen Unterleib.

3. Atme aus und beuge dich langsam um etwa 5 Grad nach vorn, gib ein stimmhaftes „whwhwh" von dir. Lenke deine Aufmerksamkeit nun auf dein Herz. Fünfmal wiederholen.

1

2

3

Die Tragödie verwandeln

Im Jahr 1992 besuchten wir Prag. Wir waren auf einer Marathon-Vortragsreise, die uns in achtzehn Monaten durch dreiunddreißig Länder führte. In Prag lernten wir Leben und Werk von Marie Uchytilowa kennen.

Marie war eine der talentiertesten jungen Bildhauerinnen der damaligen Tschechoslowakei. Als 1945 das Kriegsende gefeiert wurde, war Marie einundzwanzig Jahre alt. Der Krieg hatte sie tief und nachhaltig beeindruckt. Besonders entsetzt war sie über das Schicksal der dreizehn Millionen Kinder, die in den sechs Kriegsjahren umgekommen sind.

Marie wollte diese ungeheure Tragödie nicht in Vergessenheit geraten lassen, im Gegenteil, sie sollte dazu dienen, die Liebe zu den Kindern, die alle Nationen und Menschen eint, zu stärken und bewusster zu machen.

Marie war der festen Überzeugung, dass dieser Reichtum an tiefem menschlichem Gefühl künftige Kriege verhindern und die Nationen anspornen könnte, friedliche Wege der Konfliktlösung zu finden.

Erst 1969 fand Marie eine Möglichkeit, ihre Vision zu realisieren. Sie bezog sich auf die Ereignisse, die 1942 in dem kleinen Dorf Lidice stattgefunden hatten. In einer Vergeltungsaktion für die Ermordung eines hochrangigen SS-Offiziers wurden im Juni dieses Jahres zweiundachtzig Kinder ihren Eltern weggenommen und das Dorf dem Erdboden gleichgemacht. Die Kinder - sie waren zwischen einem Jahr und sechzehn Jahren alt - wurden in ein Konzentrationslager gebracht und vergast.

Marie beschloss, von jedem der zweiundachtzig Kinder eine leicht überlebensgroße Skulptur anzufertigen und diese Figuren zu einem Gruppenbild zusammenzufügen. Marie war so sehr von ihrer Vision überzeugt, dass sie über zwanzig Jahre lang Tag für Tag ihre Liebe und Arbeit für ihre „Kleinen" einsetzte.

Marie vollendete ihr Lebenswerk kurz vor ihrem Tod im Jahr 1989. Es gilt als ein Meisterwerk. Mit großer Ausdruckskraft hat sie die ungeheure Verletzlichkeit von Kindern dargestellt.

Je besser wir verstehen, dass alles Leben eine Einheit ist, desto mehr Verantwortung müssen wir für Ereignisse wie die von Lidice übernehmen. Diese Verantwortung drängt uns zum Handeln, sie löst das Verlangen aus, zu heilen, Frieden zu schließen und unser Leben dafür einzusetzen, eine fürsorgliche, liebevolle Welt zu schaffen, in der solche Tragödien nicht wieder geschehen können.

Marie fühlte diesen Drang und reagierte auf die ihr entsprechende Weise - indem sie ein Kunstwerk von solcher Gefühlstiefe und Schönheit schuf, dass es Herzen und Gedanken zu heilen und eine Tragödie in Triumph zu verwandeln vermag.

Rita

Und du würdest die Jahreszeiten deines Herzens annehmen,

wie du schon immer die Jahreszeiten angenommen hast,

die über deine Felder gehen.

Kahil Gibran

Aus der Krise zur Transformation

KRISE

Krise/ Transformation

Das Leben strebt in jedem Aspekt der Schöpfung immer nach Verwandlung.

Es genügt nicht, dass eine Eichel - so schön sie ist - eine Eichel bleibt, denn sie hat das Potential, ein großer Eichenbaum zu werden, der die menschlichen Lebensformen auf dieser Welt stützt und schützt. Auch die Krone der Schöpfung, der Mensch, kann sich diesem wunderbaren Prozess nicht entziehen; doch wir können uns ihm widersetzen!

Das Naturreich gibt sich hin, überlässt sich den Kräften der Natur und akzeptiert sie: doch aus irgend einem Grund kämpfen und widersprechen wir, suchen nach Gründen und jammern. Würde sich die Eichel dem Veränderungsprozess widersetzen, würde aus ihr nie ein mächtiger Baum.

Können wir uns nicht mit der gleichen Würde der Veränderung überlassen wie die Eichel? Können wir uns nicht mit den bestehenden Kräften bewegen, anstatt gegen sie?

Krise/ Transformation

Eine unserer besten Freundinnen ist Angela, eine Frau, die fast dreißig Jahre verheiratet war. Sie war sehr schön, und David, ihr Mann, klug und erfolgreich. Als sie sich kennenlernten, war sie erst siebzehn, er ein junger Medizinstudent von dreiundzwanzig. Es war für beide die erste Beziehung. Sie führten eine liebevolle und ganz besondere Ehe und waren sich dessen bewusst. Sie besaßen ein Haus, das Angela liebevoll und prächtig ausgestattet hatte, waren finanziell abgesichert und genossen gesellschaftliches Ansehen. Ihre wunderbaren Kinder waren mittlerweile beruflich äußerst erfolgreich. Sie hatten es geschafft.

Doch dieses perfekte Leben wurde plötzlich erschüttert, als David eine wesentlich jüngere, dynamische Frau kennenlernte, die zum Auslöser ihrer größten Lebenskrise wurde. Angela war völlig verstört, als sie von dieser Beziehung erfuhr, denn David war ihr ganzer Lebensinhalt, und sie kannte nichts als liebevolle Hingabe an ihn.

Krise/ Transformation

Vielleicht war alles zu perfekt und zu bequem gewesen. Der Schmerz war fast unerträglich, und oft hatte sie das Gefühl, nicht darüber wegzukommen. Sie war einfach nicht gewohnt, dass etwas schief ging, und schlecht auf die Qual vorbereitet, die sie nun fühlte.

Betrogen, wütend, gedemütigt und ihres Liebsten beraubt, wusste sie nicht aus noch ein.

Krise/ Transformation

Heute, nur ein Jahr danach, ist Angela eine völlig andere Frau. Sie lebt sehr glücklich allein, ist umgeben von einem liebevollen Freundeskreis und hat einen vollen Terminkalender. Sie sitzt nicht mehr zu Hause und wartet, dass der Mann ihres Lebens heimkommt und ihr den Tag verschönt.

Sie lebt nun nicht mehr **nur für einen Menschen.** Sie reist um die Welt, lernt neue Menschen kennen und fühlt sich als eigenständige, starke Persönlichkeit, nicht mehr als Anhang einer anderen Person und deren Erfolg.

Kurz gesagt, sie fühlt sich zum ersten Mal in ihrem Leben frei, und sie entdeckt sich selbst - eine wahre Offenbarung! Sie hat jetzt den Eindruck, dass „richtig" war, was passierte, dass es „so sein sollte", ja sogar ein „Segen" war, denn sie hätte nie den Mut gehabt, ihr bequemes Leben aufzugeben, an dem sie im Grunde jedoch erstickte...

Wie hat sie das geschafft? Lies weiter...

Krise/ Transformation

Angela musste

1. **Akzeptieren**, was ihr zugestoßen war. Das ist der erste und größte Schritt, denn Akzeptanz spielt bei der Umwandlung einer Krise die größte Rolle. Das bedeutet, dass wir uns dem Geschehen nicht widersetzen, sondern uns der Situation überlassen, wie die Eichel es tut, und sie annehmen, mit all den Gefühlen, die damit einhergehen.

2. **Ihren Mann loslassen.** Mit der Zeit begriff sie, dass ihre anklammernde Haltung zur Entstehung der Situation beigetragen hatte. Sie merkte, wie wichtig es ist, Dinge loszulassen, Menschen loszulassen und darauf zu vertrauen, dass etwas Besseres nachkommt, wenn ein geliebter Gegenstand oder eine geliebte Person aus dem Leben verschwindet.

Krise/ Transformation

3. **Ihr Herz offen halten.** Sie musste es für die Liebe, aber auch für den Schmerz offen halten, damit sie den Schmerz zu ihrem Nutzen einsetzen konnte. Wenn wir akzeptieren, was geschieht, müssen wir auch die schmerzlichen Gefühle akzeptieren, die damit einhergehen, und sie einfach kommen und gehen lassen, wie die Wellen des Ozeans. Der Schmerz wird vergehen wie die Welle.

4. Darauf **vertrauen**, dass das, was ihr zugestoßen ist, in Übereinstimmung mit **einem größeren Plan** für ihr Leben geschah.

5. **Dankbar sein** für die Gelegenheit, die Tiefen des Lebens intensiver zu erfahren. Mit Dankbarkeit können wir das größte Schreckgespenst vertreiben, das „Ach-ich-Arme"-Syndrom, denn Selbstmitleid verursacht viel unnötiges Leiden.

6. **Vergeben,** und zwar allen Beteiligten.

Krise/ Transformation

Anfangs konnte sie keineswegs akzeptieren, vertrauen, ihr Herz öffnen, dankbar sein und loslassen, geschweige denn vergeben!

Wir empfahlen ihr zwei hilfreiche, kraftvolle Übungen:

1. Der Gruß an die vier Himmelsrichtungen

Mit diesem Gruß brachten sich unsere Vorfahren in Einklang mit der Schöpfung. Brauchten sie Stärke oder Macht, um ein bestimmtes Ziel zu erreichen, riefen sie die Kräfte der Natur aus den vier Himmelsrichtungen herbei. Mit diesem Gruß rufen wir uns ins Bewusstsein, dass wir nicht allein sind, sondern mit allem Leben verbunden, und öffnen uns der Hilfe.

Diese Übung ist wirklich ein Allheilmittel! Was du auch fühlen magst, dieser Gruß wird das Gefühl zu deinem Vorteil verändern.

Krise/ Transformation

2. Stilles Sitzen

Wenn wir uns die Zeit nehmen, ganz allein mit uns selbst zu sitzen, entdecken wir die ungeheure Kraft in unserem Innern. In der Stille können die starken Gefühle, die Krisen hervorrufen, ein Tor zu unserem tiefsten Selbst werden. Die Stille ist ein Tor zu dem Teil unseres Selbst, der all-weise und all-wissend ist und von allem, was uns widerfährt, völlig unberührt bleibt.

Angela ist es gelungen, ihre Krise in einen persönlichen Triumph zu verwandeln, **weil sie bereit war, beide Übungen zu praktizieren**, das stille Sitzen und den Gruß an die vier Himmelsrichtungen.

Allmorgentlich entzündete sie eine Kerze, konzentrierte sich auf den Fluss ihres Atems oder richtete sich nach einer geführten Meditation vom Tonband. Wann immer sie von Schmerz, Trauer, Wut oder Angst überwältigt wurde, praktizierte sie den Gruß - so benutzte sie die Energie, um weiterzukommen und ihr Gefühl von Kraft und Selbstbestärkung zu intensivieren.

Krise/ Transformation

Warum du den Gruß an die vier Himmelsrichtungen praktizieren solltest, wenn du dein Leben tatsächlich verändern willst.

Das Geheimnis des Erfolgs liegt in der Fähigkeit, Bewegung, Atem und Affirmation harmonisch zusammenwirken zu lassen. **Bewegung** erweckt einen ursprünglichen Widerhall in uns, weil wir dazu geboren sind, uns zu bewegen. **Affirmationen** stärken nicht nur den Geist, sie stärken auch den Körper. Was du heute denkst, formt dein Leben morgen.

Dieser Gruß bringt uns **auf mentaler und emotionaler Ebene** wieder mit uns selbst in Berührung und befreit uns zu intuitivem Handeln. Wir können Situationen und Menschen von einem klareren Standpunkt aus betrachten - nämlich aus vier verschiedenen Richtungen. Wir beziehen uns auf die positiven Qualitäten, die unsere Interaktionen mit dem Leben verbessern und schaffen damit neue Verhaltensmuster, um die Vergangenheit loszulassen und *voran* zu schreiten.

Krise/ Transformation

Auf der körperlichen Ebene räumt dieser Gruß im ganzen Körper Energieblockaden zur Seite. Nun kann die Energie gesund und frei fließen, und das Energiesystem des Körpers wird aufgefüllt und neu belebt. Der Gruß fördert die natürliche Anmut und Grazie des Körpers, stimuliert den angeborenen inneren Heilungsmechanismus, verleiht den Beinmuskeln Spannkraft und Stärke und entspannt die verkrampfte Muskulatur der Körpermitte.

Auf spiritueller Ebene erweckt der Gruß das fantastische Potential, das uns Menschen gegeben ist und lehrt uns, dieses Potential effektiv einzusetzen. Er verhilft uns zur Erkenntnis unseres wahren Wesens und fördert unsere Vernetzung mit der Ganzheit allen Lebens. Schließlich führt dieser Gruß zu einem Gefühl des umfassenden Friedens und der Ruhe inmitten der Stürme des Lebens.

Krise/ Transformation

Der Gruß an die vier Himmelsrichtungen

Phase Eins *Blicke nach Norden, mache einen Schritt nach rechts und stelle den Fuß, mit der Ferse zuerst, auf den Boden. Beuge die Knie und gehe langsam in die Hocke.*

Nimm mit beiden Händen Energie von der Erde auf, erhebe dich mit gestreckten Beinen und ziehe die Energie nach oben. Drehe die Hände in Höhe des Herzens und hebe sie dann über den Kopf.

Krise/ Transformation

Öffne die Arme in weitem Bogen und nimm sie dann wieder zurück auf Herzhöhe. Wiederhole diese Phase mit der anderen Seite und beginne mit einem Schritt nach links.

Phase Zwei
Strecke die Arme nach rechts aus und hole das Gefühl der Akzeptanz zu dir. Die Arme gehen nach oben, über den Kopf und kreisen nach unten und dann zurück in die Ausgangsposition.

Visualisierung: Die Farbe **Blau**.
Affirmation: Ich akzeptiere alles, was das Leben mir bietet.

Krise/ Transformation

Nimm die Hände zurück zum Herzen und halte einen Moment inne, denke über Akzeptanz nach. Wiederhole die Phase auf der linken Seite.

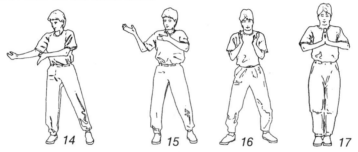

14 15 16 17

Nun hast du eine Himmelsrichtung begrüßt.
Drehe dich nun auf dem Ballen des rechten Fußes um 90 Grad nach rechts und blicke nach Osten. Wiederhole die Sequenz und schöpfe das Gefühl der Dankbarkeit.

Visualisierung: Die Farbe **Rot**.
Affirmation: Ich bin dankbar für alles.

Krise/ Transformation

Drehe dich nun wieder um 90 Grad nach rechts, blicke nach Süden *und schöpfe das Gefühl des* Loslassens*.*

Visualisierung: Die Farbe **Weiß.**
Affirmation: Ich lasse los und gebe mich dem Fluss meines Lebens hin.

Drehe dich noch einmal um 90 Grad nach rechts. Jetzt blickst du nach Westen. *Schöpfe das Gefühl von* Vertrauen.

Visualisierung: Die Farbe **Grün.**
Affirmation: Ich vertraue darauf, dass alles zu meinem Besten geschieht.

Liebevolle Berührung

Vor vielen Jahren lebte in Indien eine junge Frau mit ihrem Mann und ihrer Schwiegermutter zusammen. Die alte Frau beklagte sich ununterbrochen und stritt wegen jeder Kleinigkeit.

Die Schwiegertochter kam nach einigen Jahren an die Grenze ihrer Leidensfähigkeit, sie konnte einfach nicht mehr. Sie wusste, dass sie mit ihrem Mann nicht darüber sprechen konnte, und in ihrer Verzweiflung entwarf sie einen eigenen Befreiungsplan. Sie ging heimlich zu einem Heilkundigen und bat um einen Trank, der ihre Schwiegermutter langsam umbringen würde.

Der weise Mann gab ihr ein Kräuteröl, mit dem sie jeden Abend die Füße ihrer Schwiegermutter massieren sollte und versicherte ihr, dass diese nach einigen Monaten auf geheimnisvolle Weise schmerzlos sterben würde. Die junge Frau freute sich auf die baldige Befreiung vom Fluch ihres Lebens, ging nach Hause und massierte die Füße der alten Dame vorschriftsmäßig mit dem Öl. Es sei gut für den Schlaf, sagte sie ihr.

Nach einigen Wochen klagte die alte Dame immer weniger, und manchmal lächelte sie sogar! Die Schwiegertochter führte es auf das Gift zurück und fuhr eifrig mit den Massagen fort. Nach zwei Monaten war die alte Dame wie ausgewechselt. Sie war freundlich, zufrieden und eine angenehme Gesellschafterin. Die junge Frau fand die Alte nun recht sympathisch und fing an, ihr Tun zu bereuen.

Eines Morgens erwachte sie voller Gewissensbisse. Sie eilte zum Heiler und bat ihn um ein Öl, das die Wirkung des Gifts aufhob. Dieser lächelte wissend und teilte ihr mit, das Kräuteröl, mit dem sie massiert hatte, sei nur ein Duftöl gewesen, nichts weiter. Die dramatische Veränderung war schlicht und einfach die Folge davon, dass sie sich jeden Tag Zeit genommen hatte, die alte Dame zu berühren und zu pflegen.

Im Hass steckt Liebe.

In der Liebe steckt Hass.

In diesem Hass steckt eine noch tiefere Liebe.

Mansukh

Aus dem Hass zur Liebe

HASS

Hass/ Liebe

Wir beteiligten uns am Weltfriedensmarsch von Auschwitz nach Hiroshima, und zwar an dem Teil, der durch den Mittleren Osten und durch Israel führte. Dabei lernten wir Johar kennen, einen jungen Palästinenser, der uns erzählte, dass er fast drei Jahre lang in einem Gefangenenlager in der Wüste geschmachtet hatte. Eines Tages spuckte ihm ein israelischer Soldat ins Gesicht. Er lechzte danach, seinem Hass gegenüber seinem Peiniger freien Lauf zu lassen, und sollte es ihn das Leben kosten.

Plötzlich drang die Stimme seiner Freundin Yvette durch seinen blinden Hass. Sie sagte: „Wenn du den Hass überwinden willst, musst du die Größe haben, im entscheidenden Augenblick **dich selbst zu geben**. Überreiche deinem Feind im Geist eine Rose."

Mit dieser Erinnerung durchflutete eine Welle von Kraft seinen Geist und seinen Körper. Es war keine Kraft zum Zuschlagen, sondern **die Kraft,** im Angesicht von Hass **zu lieben**. Über den tiefen, trennenden Abgrund menschlicher Gegensätze hinweg blickte Johar seinen Peiniger an und schenkte ihm im Geist eine Rose des Friedens und der Freundschaft.

Zu seiner Überraschung traten Tränen der Trauer und der Reue in die Augen des jungen Soldaten. Beschämt schlug er die Augen nieder, drehte sich langsam um und ging weg.

Für Johar war es ein Triumph! In einer für Aufpasser und Gefangenen gleichermaßen erniedrigenden Situation hatte sich das menschliche Herz gegenüber Aggression und Vorurteil als mächtiger erwiesen.
Rita

Hass/ Liebe

Wenn wir Menschen hassen, weil sie eine schwere Untat begangen haben, stärken wir im Grunde ihre Macht, Böses zu tun. Wir können uns auch dafür entscheiden, ihnen zu vergeben und sie zu lieben, und das ist die eigentliche Macht, um sie zu ändern.

Hass ist der Endpunkt eines langen Prozesses. Er ist ein Gefühl, hinter dem sich die Tatsache einer äußerst tiefen Verletzung verbirgt, und der **Ausweg** besteht darin, äußerst positiv zu handeln.

Um deinen Geist vom Hass zu entwöhnen, musst du von etwas erfüllt sein. Selbstlosigkeit, das heißt eine Handlung, die **ohne selbstsüchtiges Motiv** durchgeführt wird, ist von ihrem Wesen her erfüllend.

Der heilige Franziskus sagte: **„Denn indem wir geben, empfangen wir"** - und er wusste, wovon er sprach!

Hass/ Liebe

Hass beginnt mit Abneigung. Er ist das Gegenteil von Liebe und stellt sich ein, wenn wir so tief verletzt werden, dass wir uns nicht mehr ins Gesicht blicken können und uns deswegen dafür entscheiden, die Quelle unseres Hasses destruktiv zu behandeln. Wenn wir hassen, **verletzen wir uns selbst** mehr als die andere Person, die oft überhaupt nicht weiß, was in uns vorgeht! Die ganze Sache spielt sich in **unserem** Inneren ab - und ist **unser eigenes Werk.**

Hass wirkt sich sehr destruktiv auf uns aus - von den anderen einmal ganz abgesehen! Wenn Hass überhand nimmt, müssen wir etwas dagegen unternehmen. Wenn wir uns dafür entscheiden, auch nur einen Schritt zurück zur Liebe zu tun, kommen uns alle Kräfte des Universums zu Hilfe, ganz einfach deshalb, weil Liebe Sinn und Zweck unseres Lebens ist.

Wenn du Hass fühlst, kannst du in diesem selbstzerstörerischen Kreis verharren oder aus ihm heraustreten. Du wirst dich entscheiden müssen.

Die Geste des Mitgefühls

*Lege die Hände in Herznähe, die Fingerspitzen beider Hände berühren sich. Die Daumen zeigen in Richtung Körper.
Bleibe mindestens eineinhalb Minuten in dieser Haltung, richte die Aufmerksamkeit auf dein Herz.*

**Diese Geste stärkt das Mitgefühl.
Praktiziere sie täglich im Sitzen.**

Das schwingende Pendel

1. Stelle dich breitbeinig hin, die Hände an den Hüften, die Knie locker.

2. Atme aus, beuge dich aus der Hüfte nach vorn, lasse die Arme nach unten fallen.

3. Atme ein, spüre die Dehnung der Wirbelsäule, entspanne das Gesäß.

4. Entspanne die Wirbelsäule bei jedem Ausatmen.

5. Schwinge bei jedem Ausatmen leicht von einer Seite zur anderen, schwinge bei jedem Einatmen zur Mitte.

Diese Übung entlässt negative Energie aus dem unteren Ende der Wirbelsäule.

Hass/ Liebe

 Das Spiegelbild

Bei dieser Übung stellst du dir vor, dass dir die Person, mit der du einen Konflikt hast, gegenüber sitzt. Dein Gegenüber spiegelt deine Bewegungen.

1. Setze dich bequem hin. Hebe die Hände in Schulterhöhe, Handflächen nach außen. Stell dir eine Blume zwischen den Augenbrauen deines Gegenübers vor. Atme ein, atme aus und sieh zu, wie sich die Blume entfaltet. Atme ein und sieh zu, wie sich die Blütenblätter schließen.
Dreimal wiederholen.

Affirmation: Ich bin Friede.

2. Lass nun beide Hände auf Herzhöhe sinken. Sieh die Blume in der Mitte des Herzens. Atme ein, atme aus und sieh zu, wie sich die Blütenblätter öffnen. Dreimal wiederholen.
Affirmation: Ich bin Liebe.

Hass/ Liebe

3. Senke nun deine Hände auf die Knie. Die rechte Hand liegt mit der Innenfläche auf der offenen Hand deines Gegenübers. Die linke Handfläche weist nach oben, die Handfläche deines Gegenübers liegt darauf. Stelle dir eine Blume in Höhe seines Nabels vor. Wiederhole den Vorgang, atme dreimal ein und aus.
Affirmation: Ich bin Wahrheit.

3

4. Hebe die Hände nun wieder in Herzhöhe und stell dir einen rosa Lichtstrahl vor, der von deinem Herzen zum Herzen deines Gegenübers strahlt.

Affirmation: Wir sind eins. Ich wähle die Liebe.

Achtung: Diese Übung verwandelt Hass in Liebe!

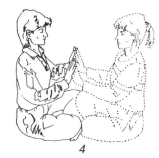

4

Hass/ Liebe

Immer wenn du traurig bist,
unruhig,
oder verzweifelt,

zünde eine Kerze an.

Sie wird dich an die Weisheit
deines höchsten Selbst erinnern,
an die Macht deines Geistes

und dir ein Gefühl des Friedens und der Ruhe geben.

Die brennenden Lampen

Als wir in Kanada waren, der letzten Station unserer weltweiten Pilgerfahrt, trafen wir einen beeindruckenden alten Herrn. Es stellte sich heraus, dass er während des Zweiten Weltkriegs Chauffeur von Luftwaffen-Vizemarschall Dowding gewesen war. Er erzählte uns eine faszinierende Geschichte über die Kraft des Lichtes.

In der schlimmsten Zeit des Krieges, als die Alliierten zurückwichen und die Sache für England schlecht stand, appellierte Marschall Downing an die britische Bevölkerung. Er bat die Menschen, jeden Abend zur gleichen Zeit eine Kerze oder eine Lampe anzuzünden und all ihre Liebe und Gebete auf dieses Licht zu konzentrieren. Gleichzeitig sollten sie sich ihre Angehörigen an der Front vorstellen, wie sie vom selben Licht umgeben waren und von dessen Kraft beschützt wurden.

Bald nach der Umsetzung dieser Bitte schickte Hitler seine Armee in Richtung Russland - der Rest ist Geschichte. Das Kriegsgeschick wandte sich ganz eindeutig zugunsten der Engländer.

Als die Alliierten das Hauptquartier der SS in Berlin einnahmen, fanden sie eine Reihe von Dokumenten über die Kriegsereignisse. Es stellte sich heraus, dass die Abwehrexperten in einer bestimmten Woche des Jahres geglaubt hatten, Großbritannien sei im Besitz einer direkt auf Deutschland gerichteten Geheimwaffe. Der Grund für diese Annahme war, dass von diesem bestimmten Datum an alle deutschen Vorhaben und Unternehmungen zu scheitern schienen.

Dieses Datum stimmte genau mit der Woche überein, in der die Engländer anfingen, die Lichter anzuzünden.

Rita

Andere so zu akzeptieren,

wie sie sind,

bringt deinem Geist

eine wunderbare Freiheit.

Die Friedensformel

Aus der Verurteilung zum Mitgefühl

VERURTEILUNG

Verurteilung/ Mitgefühl

Selbstgerechtigkeit, die Wurzel aller verurteilenden und kritisierenden Wesenszüge, ist eine der Hauptleidensursachen im Leben. Sie entspringt einem Gefühl des Ungenügens und der Angst und führt zu dem Bedürfnis, sich über andere Menschen zu erheben.

Vorurteile sind ein großes Problem. Wir merken einfach nicht, wie sehr wir **uns selbst verletzen**, wenn wir Vorurteile gegen Kulturen, Sprachen oder Glaubensüberzeugungen hegen.

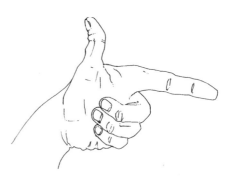

Wenn wir unser selbst sicher sind und die eigene Richtung kennen, haben wir nicht mehr das Bedürfnis, andere zu verurteilen oder herabzusetzen.

Wenn ich mit dem Finger auf dich zeige, weisen drei Finger auf mich zurück.

Verurteilung/ Mitgefühl

Es ist so leicht, andere Menschen dafür zu verurteilen, wie sie sind oder wie sie sich verhalten. Wir gehen immer davon aus, dass unser Weg der beste und einzige ist, nicht wahr? Wir sind oft allzu schnell damit, andere zu verurteilen, weil sie anders sind, als sie unserer Meinung nach sein sollten.

Es ist uns dabei selbstverständlich nicht bewusst, dass jede Form von **Verurteilung, Kritik** und **Missbilligung** die Türen unseres Lebens für Trauer, Schmerz und Kummer öffnet.

Das alte Indianersprichwort „Beurteile niemanden, bevor du nicht eine Meile in seinen Mokassins gegangen bist", beruht auf tiefer Weisheit. Wenn wir wirklich wüssten, was andere Menschen antreibt, woher sie kommen und welchen Einflüssen sie ausgesetzt waren, hätten wir vielleicht mehr **Verständnis** und **Mitgefühl** für sie und wären vorsichtiger mit unserem Urteil.

Wenn es uns gelingt, immer vom Herzen her zu handeln, fällt es uns leichter, nicht zu urteilen.

Verurteilung/ Mitgefühl

Was heißt das?

Es heißt, aus Mitgefühl, Fürsorge und Verständnis heraus zu leben und offen zu sein für neue Perspektiven. Wir kommen dem am nächsten, wenn wir Spaß haben und alle Bürden und Probleme loslassen. Dann zeigt sich plötzlich unser wahres Wesen. Das kann beim Spiel mit den Kindern sein, beim Eintauchen in einen Swimmingpool, auf der Rutschbahn oder wann auch immer.

Wir können auch **mit Hilfe von Bewegung** unsere Energie darauf konzentrieren, unser Herzzentrum zu aktivieren, und diese wunderbaren Qualitäten so aus ihrem Versteck hervorlocken.

Die Übungen mit dem Herzenskraftsymbol sind zuverlässige Methoden!

Verurteilung/ Mitgefühl

Das Urteilen über andere rührt oft von altem Schmerz und altem Groll her. Wir halten daran fest und haben das Bedürfnis, uns über andere zu erheben, um uns selbst zu gefallen und uns wohl zu fühlen. Urteile in all ihren Varianten sind ein Käfig, in den wir uns selbst sperren. Freiheit von Verurteilung ist echte Freiheit.

Aus diesem Käfig herauszutreten, gehört zu den wirkungsvollsten Möglichkeiten, um zu einem Gefühl der Stabilität und Souveränität zu finden. Anstatt dass durch Verurteilen, Kritisieren und Verdammen die Energie aus unserem Leben entweicht, bauen wir dann durch Akzeptanz, Toleranz, Mitgefühl und Menschenliebe innere Stärke und Stabilität auf.

Leider sind wir jedoch so auf das Urteilen programmiert, dass es einer ganz bewussten Anstrengung bedarf, uns aus dem Käfig zu befreien.

Verurteilung/ Mitgefühl

Keine Selbstverdammung: Wenn wir uns selbst verurteilen, verlieren wir Energie und Kraft. Selbstverurteilung kann in einen sehr gefährlichen Zustand von **Selbsthass** führen, der sehr zerstörerisch wirkt und uns nicht weiterbringt.

Nimm dich bedingungslos an:
1. Baue dein Selbstwertgefühl auf all den kleinen Erfolgen auf, die du in deinem Leben gehabt hast. Erfolg ist eine fortlaufende Übung, **denke also nicht an irgend ein Versagen** - lass es einfach hinter dir.

2. Vergib dir, dass du nicht perfekt bist.

3. Denke über Möglichkeiten der Verbesserung nach, konzentriere dich aber dabei zu 90 Prozent auf die Lösung und nur zu 10 Prozent auf das Problem.

4. Vergib dir, dass zu urteilst! **Das ist am wichtigsten.**

Entscheide dich zu lieben und immer wieder zu lieben.

Verurteilung/ Mitgefühl

Das Verlassen des Käfigs

Anerkennen:
1. Jeder Mensch ist einmalig, alle Menschen sind verschieden.

2. Alle haben das Recht, so zu sein wie sie sind.

3. Das Urteilen isoliert uns von anderen Menschen und auch von uns selbst.

Üben:
1. Wenn du merkst, dass du jemanden verurteilen willst - halte ein!
Versuche dir vorzustellen, wie es wäre, diese Person zu sein.

2. Frage dich: „Möchte ich mich von anderen und damit von mir selbst getrennt fühlen?"

3. Geh in dein Herz und sage dir: „Ich entscheide mich dafür, diesen Menschen zu lieben, anstatt ihn zu verurteilen."

Verurteilung/ Mitgefühl

4. Vergib den Menschen, dass sie nicht so sind, wie du sie dir wünschst. Sie sind auch nur Menschen!

Die Geste des Mitgefühls

Halte die Hände ans Herz, alle Fingerspitzen berühren sich, die Daumennägel zeigen zum Körper. Bleibe mindestens 90 Sekunden in dieser Haltung, richte deine Aufmerksamkeit auf das Herz.

Diese Geste stärkt das Mitgefühl und die Vorurteilslosigkeit.
Übe sie täglich beim stillen Sitzen.

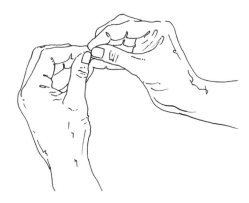

Die Geste der Freundschaft

Halte die Hände vor das Herz, die Fingerrücken berühren sich und weisen nach unten. Die Daumen berühren sich und weisen zum Herzen. Bleibe mindestens 90 Sekunden in dieser Haltung.

Diese Geste löst die Energie von Konflikten auf.

Maximilian Kolbe

Im Frühjahr versammelte sich ein großer Teil unserer Gruppe zu einer Friedenswache mit Gebet und Fasten in Auschwitz. Dort lernten wir Herrn Yukiewiewicz kennen, einen KZ-Überlebenden, der in seiner Lagerzeit Zeuge einer eindrucksvollen Begebenheit wurde. Dies ist seine Geschichte:

„Wenn jemandem die Flucht aus einem der Lager gelang, verurteilten die SS-Leute automatisch zehn unschuldige Gefangene zum Tode. Einmal wurde ein etwa dreißigjähriger Mann ausgewählt. Er brach weinend zusammen und bettelte um sein Leben: ‚Ich habe Frau und Kinder, was soll aus ihnen werden?'

Normalerweise wurde jeder, der es wagte, den Mund aufzumachen oder sich von der Masse abzuheben, sofort erschossen. Deshalb erstarrten alle, als ein älterer Mann vortrat und den SS-Mann ansprach. Entsetzen lag in der Luft, als sie auf das Unvermeidliche warteten.

Die Furchtlosigkeit dieses Mannes machte einen so gewaltigen Eindruck auf den Aufseher, dass er zuhörte, als dieser sein Leben im Tausch für das Leben des jüngeren Mannes anbot. Zum Erstaunen aller war der SS-Mann einverstanden.

Dieser mutige Mann war Maximilian Kolbe, ein Franziskanerpriester. Er wurde mit den neun anderen Opfern in die Hungerzellen gesperrt, wo sie ohne Nahrung, Wasser und Schlaf den Tod erwarten mussten. Bis kurz vor seinem Tod sang er geistliche Lieder, kümmerte sich um seine Mitgefangenen und betete mit ihnen. Nach zwei Wochen wurde seinem Leben mit einer Giftspritze ein Ende gesetzt."

Herr Yukiewiezicz beschrieb, welche Auswirkung dieses ungeheure Opfer auf die Leute im Lager hatte: „Wir waren damals alle völlig gefühllos, wie betäubt. Wir erlaubten uns keine Gefühle, weil es zu gefährlich war, und hielten uns für unfähig geworden zu jeder menschlichen Regung. Als Maximilian Kolbe mit dieser mutigen Tat sein Leben opferte, erfasste uns alle eine Welle tiefer und echter Gefühle. Sie gab uns Hoffnung, Mut und sehr viel Kraft. Sie erleuchtete unser Leben auf unbeschreibliche Weise. Allein das Hören der Geschichte berührt die Menschen auch heute noch.

Dieser Augenblick, als ich Zeuge seines enormen Opfers wurde, ist zum wichtigsten Augenblick meines Lebens geworden."

**Die Antwort auf den Schmerz
liegt im Schmerz selbst.**

Mansukh

*Die Liebe scheitert nicht, wenn du zurückgewiesen,
verraten oder anscheinend nicht geliebt wirst.
Sie scheitert, wenn du zurückweist, verrätst und nicht liebst.*

*Halte dich deshalb nicht von Beziehungen fern.
Sei verletzlich, sei verwundet, wenn nötig,
und ertrage diese Wunde oder Verletzung.
Strafe den anderen nicht aus Liebe.
Nehmt Verbindung miteinander auf - trennt euch nicht ab,
und teilt miteinander das Wissen um die Liebe.*

Mansukh

Aus der Zurückweisung zur Selbstliebe

Zurückweisung/ Selbstliebe

Der Navsari-Bahnhof in Indien ist ein unvergessliches Erlebnis. Dort herrscht brodelndes Leben, eine dichte Vielfalt von Farben und Gerüchen und den verschiedensten Menschen, von Straßenverkäufern und Geschäftsleuten bis zu Müttern mit schreienden Kindern. Die gesamte Menschheit scheint an diesem einen Ort vertreten zu sein.

Wir beobachteten das Vorgehen der kleinen Kinder, die pausenlos mit ausgestreckten Händen und riesigen, flehentlich bittenden Augen auf die Leute zurannten und um Geld bettelten. Meist wurden sie abgewiesen, manchmal recht aggressiv. Dann lächelten diese wunderschönen Kinder nur und versuchten es wieder - völlig unbeeinträchtigt von der negativen Reaktion. Abgewiesen zu werden, schien beinahe ein Teil des Geschäfts zu sein!

Als ich diese Szene beobachtete, erkannte ich deutlich, dass der menschliche Geist Zurückweisungen recht gut überwinden kann. Die Unbeirrbarkeit und das hohe Selbstwertgefühl dieser Kinder waren einfach bewundernswert - damit besaßen sie den Schlüssel zur Überwindung von Zurückweisung.
Rita

Zurückweisung/ Selbstliebe

Wenn wir jemandem unser Herz und unsere Liebe schenken und abgewiesen werden, kann das vernichtend sein. Wir haben möglicherweise das Gefühl, unser innerstes Wesen sei bedroht; wir bleiben leer und hilflos zurück.

Was selten verstanden wird, ist, dass uns niemand zurückweisen kann, wenn wir uns nicht vorher selbst zurückgewiesen haben. Das Verhalten, das die Leute uns gegenüber an den Tag legen, kann uns nicht zerstören, wenn wir gelernt haben, uns selbst so zu lieben und zu akzeptieren, wie wir sind. Das Hauptthema heißt also **Selbstachtung**, und wenn wir die besitzen, können wir alle Situationen so sehen, **wie sie tatsächlich sind.**

Wir müssen uns die Liebe und Anerkennung, die wir gern von anderen hätten, selbst geben und dürfen den widrigen Lebensumständen nicht erlauben, uns zu zerstören. Sie können das Allerbeste in uns hervorbringen, wenn wir sie klug und weise einsetzen.

Zurückweisung/ Selbstliebe

Selbstliebe ist der Universalschlüssel zu allen schmerzlichen Gefühlen. Wie das? Wenn wir uns nicht selbst lieben, ist das zweifellos das Hauptproblem unseres Lebens, aus dem **alle anderen Probleme erwachsen.** Das ist eine Tatsache.

Wenn wir **uns selbst gegenüber** eine andere Haltung einnehmen, wird sich auch alles andere verändern, denn unser Leben ist ein Spiegel unserer Gefühle für uns selbst.

Die Techniken zur Stärkung der Herzenskraft:

1. Wenn du dich wieder einmal zurückgewiesen fühlst - von einem Menschen oder durch ein Ereignis, das dir widerfährt - suche einen ruhigen Ort auf, setze dich, schließe die Augen und konzentriere dich auf deine Herzgegend.

2. Nimm den Schmerz wahr, den du hier fühlst.

3. Stell dir ein großes, Liebe produzierendes Kraftwerk in deinem Herzen vor, und aktiviere ganz bewusst deine Herzenskraft.

Zurückweisung/ Selbstliebe

4. Lass die Liebe den Schmerz umhüllen und mildern. Stelle dir den Schmerz von einer Farbe umgeben vor, zum Beispiel Rosa.

5. Sage dir: „Ich liebe und akzeptiere dich so, wie du im Augenblick bist." Wiederhole den Satz immer wieder, und zwar mit dem gleichen Gefühl, wie du es einem sehr geliebten Menschen gegenüber hast.

6. Lasse zu, dass die Kraft in deinem Herzen den Schmerz zum Schmelzen bringt. **Konzentriere dich auf die Liebe** - nicht auf den Schmerz.

Verwöhne dich: Geh aus und kaufe dir etwas Schönes zum Anziehen. Es ist wichtig, dass du dich mit dir selbst wohlfühlst.

Zurückweisung/ Selbstliebe

Die Lösung für den Schmerz liegt im Schmerz selbst. Wenn wir den Mut haben, ruhig dazusitzen und ihn zu fühlen, ist dies eine Gelegenheit, die **Wurzel** des Problems zu heilen, um nicht fortwährend Abwehr produzieren zu müssen.

Oft bedeutet unsere Schmerzabwehr, dass wir uns die Chance vergeben, mit der im Schmerz enthaltenen Freude und Freiheit in Berührung zu kommen.

Indem wir den Schmerz akzeptieren,

        in ihn hineingehen und

                ihn uns bereitwillig zu eigen machen,

verändert er auf ganz natürliche Weise seine Form.

Zurückweisung/ Selbstliebe

 Die Geste der Unschuld

Hebe die Hände vor das Herz, drücke die Handballen aneinander. Die Finger sind gespreizt und geformt wie eine Lotusblüte. Schließe die Augen und stell dir die Farbe Grün in deinem Herzen vor. Mindestens eine Minute so verharren.

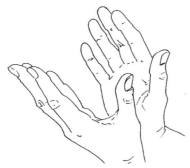

Diese Geste öffnet das Herz und lindert den Schmerz der Zurückweisung.

Zurückweisung/ Selbstliebe

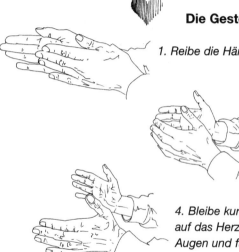

Die Geste der Hochachtung

1. Reibe die Hände fest aneinander, bis sie warm sind.

2. Nimm die Hände nun ein wenig auseinander, führe sie dann in wellenförmigen Bewegungen zusammen und wieder auseinander.

3. Erweitere dann langsam die Wellenbewegung, bis du keine Energie mehr zwischen den Händen spürst.

4. Bleibe kurz in dieser Haltung, lege dann die rechte Handfläche auf das Herz und die linke auf die rechte Hand. Schließe die Augen und fühle den Frieden.

Diese Bewegung verwandelt Zurückweisung in eine Haltung der Hochachtung.

Zurückweisung/ Selbstliebe

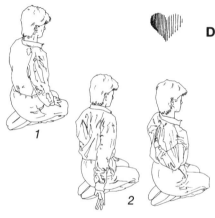

Das starke Herz

1. Hocke dich auf deine Fersen.
2. Nimm den rechten Arm mit gebeugtem Ellbogen auf den Rücken.
3. Hebe den linken Arm über die Schulter und fasse die rechte Hand (wenn möglich!), der Kopf bleibt nach vorn gerichtet.
4. Bleibe 15-30 Sekunden in dieser Haltung, atme ganz locker.
5. Wiederhole die Übung auf der anderen Seite.

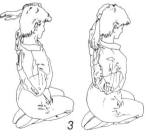

(Wenn sich deine Hände auf dem Rücken nicht treffen, kannst du einen Strumpf oder ein Stück Stoff zur Überbrückung nehmen.)

Diese Geste schützt und stärkt dein Herzzentrum, damit Zurückweisung dich nicht verletzt, wie auch der Regen das Lotusblatt nicht befleckt.

Licht in der Finsternis

Wir wurden im Rahmen einer organisierten Reise in die Gaskammern eines Konzentrationslagers geführt, und der erste Eindruck war ihre Leere. Öde, kahl und kalt wie sie waren, fiel es schwer, sich vorzustellen, wie den Menschen zumute war, als sie vor fünfzig Jahren hier hinein geführt wurden - in den Tod.

Die Dunkelheit in diesem Raum war ein Zeichen für die damals empfundenen Gefühle, für die Last und Unterdrückung. Alle anderen gingen wieder hinaus, doch wir blieben zurück und standen in der Dunkelheit, die nur von einem Lichtstrahl von der Tür her erhellt wurde. Wir wussten, dass wir hier etwas verändern mussten.

Ich entflammte ein Streichholz und zündete die Kerze in meiner Hand an, um sie vorsichtig auf den schmucklosen kleinen Altar mitten auf dem Fußboden zu stellen. In meinem Innern seufzte etwas.

Die Flamme erhellte nicht den ganzen Raum, aber wir hatten das Gefühl, als würde sie hier etwas begrüßen. Ein Geist der Hoffnung und des Optimismus war auf eine stille Weise präsent. Wir dankten dafür, am Leben zu sein und fühlten uns in diesem Moment mit allen Menschen, die durch diesen Raum gegangen waren, tief verbunden.

Wir wurden an das mächtige Licht des menschlichen Geistes erinnert, das auch in der Dunkelheit leuchtet und durch nichts und niemanden zerstört werden kann — **was auch geschieht.**
Mansukh

> **„Es ist besser, ein Licht anzuzünden,**
> **als die Dunkelheit zu verfluchen."**

Chinesisches Sprichwort

Mir ist so schwer ums Herz, ich fühle mich

ohne Energie und Lebensfreude,

das Leben bedrückt mich.

Ich bin niedergeschmettert und fühle mich unfähig,

mich zu erheben.

Ich sinke, falle, wohin mich wenden?

Niemand kann mir helfen.

Ich fühle mich so allein...

Aus der Depression zur Selbstbestärkung

Depression/ Selbstbestärkung

Sie waren zweihundert Kilometer weit gereist und hatten die Strecke zwischen Nord-Wales und den Midlands mitten im Winter zu Fuß zurückgelegt. Auf diesem Abschnitt des Eurowalk hatten die jungen Männer der Life Foundation Zelte und Schlafsäcke die ganze Zeit über auf dem Rücken mitgetragen. Ein echter Härtetest!

Als unser wackeres Winterteam bei uns eintraf, sprach das Strahlen in ihren Augen von den Hindernissen, die sie überwunden hatten.

Das ist die Ausdauer, die wir brauchen, um eine Depression zu überwinden.

Bei einem unserer Seminare begegneten wir einer ganz besonderen Frau namens Betty, die fast von Geburt an blind war. Sie war einer dieser Menschen, die so voller Freude und Lachen sind, dass man sich einfach gern in ihrer Nähe aufhält. Doch während des Seminars brach sie plötzlich in Tränen aus, als ich einen Bewegungsablauf erklärte. „Ich kann nicht sehen, was du machst", weinte sie, „ich sehe dich nicht." Es war herzzerreißend zu erleben, wie sie dem Schmerz über ihre Blindheit Ausdruck verlieh.

Später erklärte sie mir, dass sie ihr Leben lang gegen Depressionen anzukämpfen hatte und es meist geschafft habe, gut gelaunt und optimistisch zu sein, doch hin und wieder gelang es ihr nicht. **„Ich muß mich immer dafür entscheiden, aus der Depression herauszukommen, es ist jedesmal meine unmittelbare Entscheidung."**

Betty hatte guten Grund, deprimiert zu sein, denn ihre Situation war unabänderlich. Unsere Wanderer sind jung und stark und können Hindernisse leicht überwinden, Betty jedoch ist eine ältere Frau, blind und hinfällig.

Ihre Stärke liegt in ihrer unerschütterlichen Ausdauer bei der Überwindung der Depression, die ihr Glück fortwährend bedroht.

Rita

Depression/ Selbstbestärkung

Das Leben kann manchmal allzu schwer werden. Es gibt Umstände, die uns das Gefühl geben, unser Leben nicht mehr selbst in der Hand zu haben. Wenn wir uns in die Machtlosigkeit ergeben und hilflos fühlen, kann dies eine innere Lähmung auslösen, die wir Depression nennen. Es ist, als wären der Kern unserer Vitalität und alle Lebenslust unter Verschluss.

Wenn dies passiert, leben wir auf der niedrigsten Ebene unseres Seins. Dort ist es sehr einsam, aber merkwürdigerweise auch sehr gemütlich. Es gibt etwas an der Depression, das uns gefällt und das wir ungern loslassen.

Wir halten daran fest, fast wie an einem Floß auf gefährlicher See. Warum? Weil die Depression uns **davor bewahrt**, Verantwortung zu übernehmen - **sie ist ein gutes Versteck.**

Depression/ Selbstbestärkung

Wenn wir erkennen, dass wir die Depression benutzen, um scheinbar unüberwindlichen Hindernissen aus dem Weg zu gehen, stehen uns zwei Möglichkeiten zur Wahl:

1. Wir bleiben deprimiert und genießen es.

2. Wir suchen nach einer neuen Sichtweise der Dinge und denken über andere und positivere Wege des Umgangs mit den Hindernissen auf unserem Lebensweg nach.

Frage dich:

a. Ernähre ich mich auf eine Weise, die mein Wohlbefinden beeinträchtigt?

b. Wie ist meine Lebenseinstellung? Bin ich bereit, die Dinge anders zu sehen?

c. Was halte ich in mir zurück und möchte es nicht ausdrücken? Bin ich wütend über etwas? Kann ich eine Möglichkeit finden, mein Gefühl auszudrücken?

d. Baue dir ein Bild der Stärke auf und gib nur diesem Bild Kraft, nicht deiner Schwäche.

Depression/ Selbstbestärkung

Dankbarkeit ist die beste Haltung!

Offen ausgedrückte Dankbarkeit für das Gute und das Schlechte in unserem Leben bewirkt eine unmittelbare Veränderung unseres Fühlens.

1. Danke jeden Morgen, vor Beginn deines Tagwerks, für zwei oder drei Dinge in deinem Leben.

2. Drücke deine Dankbarkeit für die Herausforderungen in deinem Leben aus.

Affirmation: Ich bin für alles in meinem Leben dankbar.
Ich danke für die Art und Weise, wie ich fühle.
Ich danke für jede Herausforderung, der ich begegne.

Depression/ Selbstbestärkung

 Der Su-Atem

1. Setze dich auf deine Fersen, falte die Hände.

2. Atme ein, hebe die Hände zum Mund.

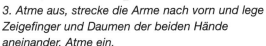

3. Atme aus, strecke die Arme nach vorn und lege Zeigefinger und Daumen der beiden Hände aneinander. Atme ein.

*4. Forme beim nächsten Ausatmen ein stimmhaftes „Sssss", führe die Arme zur Seite und lasse sie dann sinken.
Fühle die Erweiterung in der Herzgegend.*

Depression/ Selbstbestärkung

Die Geste der Akzeptanz

1. Lege den rechten Zeigefinger an den linken Daumen, halte Mittelfinger, Ringfinger und kleinen Finger der rechten Hand mit den übrigen Fingern der linken Hand fest.

2. Der rechte Daumen sitzt nun wie ein Kind zwischen seinen Eltern. Halte die Hände so, dass die Finger nach oben zeigen, mindestens 60 bis 90 Sekunden lang.

Affirmation: Ich bin bereit, loszulassen und glücklich zu sein.

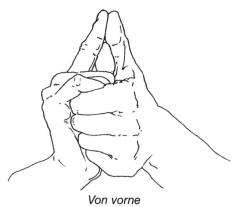

Von vorne

Freude ist der natürliche Ausdruck

des lachenden menschlichen Herzens.

Der Tanz in die Freiheit

Sie waren eben mit Waschen fertig, da ertönte ganz unerwartet die Sirene, die sie zum Appell befahl. Ohne sich abtrocknen zu können, mussten sie hinaus in die eiskalte Nacht und sich zum Abzählen aufstellen.

Während der Kommandant langsam begann, die Männer zu zählen, spürte Moshe, wie seine Füße anfingen, am Schnee fest zu frieren. Er sah, wie das Wasser an seinem Körper gefror und die Kälte tief in seinen Körper eindrang. Das Zählen schien kein Ende zu nehmen, und dann hörten sie die Stimme des Kommandanten, die verkündete, dass ein Mann fehlte. Das bedeutete, dass die Prozedur wiederholt werden musste. Mehrere seiner Freunde fielen um, und da packte die Angst sein Herz.

Schon wollte er aufgeben und sich der Bewusstlosigkeit überlassen, da hörte er plötzlich die Stimme seines Rabbi im Innern aufsteigen: „Moshe! Gib nicht auf! Du musst stehen bleiben!" Die Stimme verlieh ihm Energie, aber bald zweifelte er wieder an seinem Durchhaltevermögen, und wieder meldete sich die Stimme: „Moshe! Du musst singen und tanzen! Nur so kannst du überleben."

Vage nahm er wahr, dass die Männer um ihn herum alle zu Boden fielen. Da stellte er fest, dass in seinem Innern eine große Welle von Wärme und Energie entstand und eine entschlossene Kampfkraft in ihm aufstieg. Mit reiner Willenskraft zwang er seine Lippen, sich zu öffnen und ein Bittgebet auszustoßen, das tief aus seinem Innern kam. Erst klang es nur ganz leise, doch dann brach ein Lied der Freiheit laut und klar aus ihm heraus. Es war das Lied, das ihn der Rabbi gelehrt hatte, als er ein kleiner Junge war. Ein Lied vom Überleben, vom Glauben und von Bestärkung.

Er wusste, dass er tanzen musste, aber seine Füße klebten am Boden. Er richtete seine ganze Willenskraft auf die Fußsohlen und konzentrierte sich erst auf den rechten Fuß. Er spürte, wie sich die Ferse langsam hob und nach und nach vom Boden löste und wie die Haut dabei abging. Unter lautem Singen zwang er auch den linken Fuß, sich zu bewegen, und dann warf er seinen Körper tanzend voran, ohne auf die Schmerzen zu achten. In diesem Augenblick verkündete der Kommandant das Ende des Zählappells. Moshe tanzte zurück in die Baracke und sang dabei lauthals sein Lied der Freiheit. Dabei hinterließ er rote Fußabdrücke im Schnee...

Moshe lebt heute noch mit seiner Familie in Amerika. An jedem Sabbat versammelt sich seine Familie, um die Freiheit zu feiern, die er in jener Frostnacht im Konzentrationslager erfahren hat. Sie singen und tanzen zu dem gleichen Lied der Freiheit, das ihm damals zeigte, dass er unbesiegbar und unangreifbar ist. Und bis zum heutigen Tag lehrt er, dass Singen und Tanzen ein Weg ist, sich vom Leiden zu befreien.

Nichts ist unmöglich.

Dein Schmerz ist das Aufbrechen der Muschel,

die dein Verstehen umschlossen hält.

So wie das Innerste der Frucht aufbrechen muss,

damit der Same in ihrem Herzen

in die Sonne gelangt,

so musst du den Schmerz erfahren.

Kahil Gibran

Aus der Trauer zur Erneuerung

TRAUER

Trauer/ Erneuerung

Unsere Reisen nach Uganda, wo ein hoher Prozentsatz der Bevölkerung HIV-positiv ist, führten und die Trauer in ihrer krassesten Form vor Augen. Wir arbeiteten mit AIDS-Helfern in der Malaga-Klinik, wo wir zahlreichen AIDS-Infizierten begegneten. Viele waren nur ein weiteres Glied in einer langen Kette von Familienmitgliedern, die auf den Tod warteten. Ihr tragisches, unausweichliches Schicksal und der Verlust so vieler Angehöriger hatte sie verstummen lassen.

Wir staunten über die Helferinnen und Helfer, die inmitten der Tragödie so fröhlich waren und diesen Menschen Hoffnung und Ermutigung geben konnten. Wir stellten fest, dass sie wussten: Wo Liebe, Glaube und Hoffnung vorhanden sind, verschwindet die Angst, und das anscheinend Unmögliche wird möglich.

Rita

Trauer/ Erneuerung

Trauer fällt wie ein Schatten über unser Leben, nach dem Verlust eines geliebten Menschen oder nach einer dramatischen Veränderung unserer Lebensumstände.

Anfangs fühlen wir uns wie in einem Traum; alles erscheint unwirklich und schwer begreiflich. Weil Schock und Trauer die Grenzen der Person auflösen, für die wir uns halten, fühlen wir uns desorientiert und verwirrt.

Ein wichtiger Teil unserer Lebensgrundlage ist uns genommen worden, und das kann dazu führen, dass wir uns recht verloren fühlen - unfähig, einen Bezugspunkt zu finden.

Vielleicht fällt es uns schwer, eine Mutter, ein Vater, ein Freund, eine Freundin zu sein oder den Unterhalt für die Familie zu verdienen. In diesem Zustand ist uns das Leben eine Last, und Gefühle der Einsamkeit und Wut, von Groll und Bitterkeit überschwemmen unsere erschöpfte Gefühlswelt.

Trauer/ Erneuerung

Trauer ist ein Prozess der **Desintegration** all dessen, was wir für unser Selbst halten und der allmählichen **Re-Integration**, die *immer* zu einer sehr positiven inneren Veränderung führt. Wie können wir diesen Prozess der Re-Integration unterstützen?

1. **Führe dir alle guten und positiven Aspekte deines Lebens vor Augen,** beispielsweise deine Kinder, Familie, Freunde. Wenn dir etwas genommen wurde, heißt das nicht, dass **alles weg ist.**

2. Versuche, dich auf das zu konzentrieren, **was du hast,** nicht auf den Verlust.

3. **Denke ganz bewusst an die guten Dinge.** Affirmiere: „Ich habe eine wunderbare Familie und gute Freunde."

4. **Isoliere dich nicht**, denn gerade jetzt brauchst du andere Menschen. Geh so viel wie möglich unter Leute und versuche, möglichst positive Gespräche zu führen.

Trauer/ Erneuerung

5. **Lasse** vor allen Dingen **nichts unerledigt** zwischen dir und dem Menschen oder der Situation, der du nachtrauerst. Sprich alles in deinem Herzen durch und stelle dir all das Gute dieser Person oder Situation vor Augen.

Eine Frau, deren Sohn von jemandem überfahren wurde, der eine rote Ampel nicht beachtet hatte, war darüber sehr wütend. Ihr Zorn erschien ihr als der einzig mögliche Schutz gegen den schrecklichen Schmerz. Innerhalb weniger Jahre erkrankte sie an Krebs, und sie wusste, dass er von der Wut ausgelöst war, die sie nicht ablegen wollte.

Eine Freundin gab ihr den Rat, über ihren Sohn und alles, was sie an ihm so sehr liebte, zu reden. Das tat sie, und während ihre große Liebe für ihren Sohn an die Oberfläche kam, löste sich ihre Wut auf. Wut und Liebe konnten nicht gleichzeitig bestehen.

Trauer/ Erneuerung

Wir müssen unsere Grenzen wieder neu ziehen. Wie geht das?

Zuerst müssen wir neu definieren, **wer wir im Augenblick sind,** und **was wir gerade tun.**

Du sagst dir zum Beispiel: **"Ich stehe im Bad und wasche mir das Gesicht."** (Stimmt das auch?)

"Ich bin in der Küche und mache mir eine Tasse Tee."
Das lässt in deinem Innern ein Gefühl der Sicherheit entstehen.

Ferner ist es wichtig, **dich mit etwas ganz Positivem zu beschäftigen**. Sitze nicht herum und denke allzu viel über das Geschehene nach, es könnte dir zum Problem werden.

Entschließe dich, **mit** dem Ansturm der Gefühle **zu arbeiten** und nicht darin steckenzubleiben.

Trauer/ Erneuerung

Trauer ist der Weg, den die Natur vorgibt, um den Schmerz eines Verlustes zu heilen. Der anfängliche Schockzustand ist eine natürliche Anästhesie, die vor der vollen Wucht des Verlustes schützt. Dann können langsam die Gefühle ins Bewusstsein dringen:

Gefühle der Wut auf Menschen, die mit dem Ereignis zu tun hatten, oder über das Verlassenwerden.

Gefühle von Schuld und Angst, du hättest nicht genug getan oder wärest im entscheidenden Augenblick nicht dagewesen, unter Umständen vermischt mit Reue und Gewissensbissen wegen Dingen, die du gesagt oder nicht gesagt hast.

Traurigkeit kommt oft in Wellen, bis es uns gelingt, wirklich zu akzeptieren, was geschehen ist.

Trauer/ Erneuerung

Gestatte dir all diese Gefühle, lass sie über dich hereinbrechen. Akzeptiere sie ohne Widerstand, damit sie einfach durch dich hindurchgehen können.

Halte sie nicht fest. Sie sind ein gesunder Prozess, ohne den möglicherweise in späteren Jahren Probleme in Form von Krankheit oder Depression auftreten würden.

Begrüße den Prozess, der schließlich zum friedlichen Akzeptieren und Loslassen führt, **und vertraue ihm**.

Warum klammern wir uns an die Trauer?
Manchmal halten wir jahrelang an der Trauer fest, und dann kommt eine Zeit, wo wir loslassen müssen. Der Gram kann zur Gewohnheit werden, weil der Schmerz so vertraut ist. Wir müssen aber den Punkt erreichen, an dem wir sagen: „Genug der Traurigkeit - jetzt ist die Zeit zum Loslassen gekommen."

Trauer/ Erneuerung

 Die Geste des Loslassens

Beuge die Arme, hebe die Hände hoch, die Innenflächen zu dir gewandt. Halte sie ein bis zwei Minuten in dieser Stellung. Die Augen sind geschlossen. Stell dir vor, wie sich deine Lungen mit weißem Licht füllen.

Mit dieser Geste können wir alte Gefühle der Trauer loslassen.

Trauer/ Erneuerung

 Die Geste der Stille

Verschließe deine Sinne und lege

die Daumen in die Ohren,
die Zeigefinger über die Augenbrauen,
die Mittelfinger auf die geschlossenen Lider,
die Ringfinger an die Nasenflügel,
die kleinen Finger an die geschlossenen Lippen,
die Zunge hinter die obere Zahnreihe.

Atme ein und summend wieder aus.
Nicht öfter als dreimal hintereinander durchführen,
dann einfach still sitzenbleiben.

Diese Geste löst Trauer auf.

Trauer/ Erneuerung

Die Haltung des Mitgefühls

1. Setze dich auf einen Stuhl oder auf den Boden. Hebe die Arme ausgestreckt auf Schulterhöhe, die Handflächen nach vorn.
2. Atme ein, hebe den linken Arm hoch.
3. Atme aus, drehe den Oberkörper nach links und senke den Arm hinter dir.
4. Drehe dich um und blicke einige Sekunden auf deine linke Hand.
5. Atme ein, hebe den linken Arm in die Vertikale. Atme aus und senke ihn wieder neben den rechten Arm. Wiederhole die Übung mit der rechten Seite.

Diese Übung öffnet das Herz und hilft, Trauergefühle loszulassen.

Ich habe meine Sünden immer ganz offen bekannt,

aber ich trage ihre Last nicht auf meinen Schultern.

Mahatma Gandhi

Aus der Schuld zur Freiheit

SCHULD

Schuld/ Freiheit

Die lieblichen Felder von Shropshire wurden zum richtigen Hintergrund für die Antwort des Lebens auf die Schuldfrage. Wir waren bereits dreißig Kilometer am Kanal entlanggewandert, da begegneten wir einem Mann namens Colin. Er zeigte uns, dass Schuld ein Motivator sein kann - ein Katalysator - um zu einer positiven Haltung zu finden.

Er erzählte uns, dass er heute morgen im Autoradio einen Aufruf gehört hatte, den verwundeten Kindern in Ruanda zu helfen. Er war so tief beeindruckt von diesem Elend, dass er beim nächsten Telefonhäuschen anhielt, die Nummer des Hilfswerks für Ruanda wählte und sagte: „Ich gebe Ihnen meine Kreditkartennummer - buchen Sie tausend Pfund ab und zwar schnell, bevor ich Zeit habe, es mir anders zu überlegen!"

Ihm war bewusst, erklärte er, dass er es sofort tun musste, unverzüglich, denn beim Nachlassen dieses Gefühls hätte er nie mehr den Mut dafür aufgebracht. Spontanes Handeln heißt, den Signalen des Herzens folgen, das ist der entscheidende Punkt, der das Gefühl, etwas Falsches getan zu haben, nicht aufkommen lässt.

Mansukh

Schuld/ Freiheit

Viele Menschen gehen mit dem Gefühl durchs Leben, dass etwas mit ihnen „nicht stimmt" oder dass sie etwas „Falsches" getan haben, möglicherweise ohne überhaupt zu wissen, was es war.

Oft geben Kinder sich selbst die Schuld, wenn etwas in der Familie schief läuft, wenn die Eltern auseinandergehen, ein Bruder oder eine Schwester einen Unfall hat oder stirbt. Manchmal sind Kinder davon überzeugt, dass sie für den Schmerz in ihrer Umgebung irgendwie verantwortlich sind.

Manche Menschen **wissen**, was ihnen Schuldgefühle verursacht, weil Schuldgefühle jedoch keinerlei nützlichem Zweck dienen, ist es am besten, sie loszulassen!

Freude heilt alles.

Schuld/ Freiheit

Eines Tages bat ein Mann Mahatma Gandhi um Hilfe. Er war für die Tötung vieler Kinder persönlich verantwortlich und wurde nun Tag und Nacht von Schuldgefühlen gequält.

Gandhi gab ihm den Rat, ein Waisenkind zu suchen und es als sein eigenes Kind anzunehmen und aufzuziehen.

Wir alle machen im Laufe unseres Lebens Fehler; **wichtig ist, dabei nicht stehen zu bleiben.** Es ist uns vielleicht nicht möglich, den von uns verursachten Schaden wieder gutzumachen, doch wir können beschließen, etwas wirklich Positives zu tun, um die Situation wieder ins Gleichgewicht zu bringen.

Schuld engt das Herzzentrum stark ein. Wir erlegen unserem Tun und Lassen Grenzen auf, weil wir an frühere Ereignisse denken. Das schränkt unsere Interaktionsfähigkeit mit anderen Menschen ein.

Schuld/ Freiheit

Du kannst dein ganzes Leben damit zubringen, dir Vorwürfe zu machen für Dinge, die du real oder in deiner Fantasie getan hast oder dir vorzuwerfen, dass du nicht der wundervolle Mensch bist, der du glaubst sein zu müssen - es wird dir aber nur Schmerzen verursachen.

„Schuldige" Menschen sabotieren ihr Leben, weil sie im Grunde denken: „Ich verdiene es nicht" - glücklich, gesund, reich oder erfolgreich zu sein. Sie bestrafen sich selbst durch zu viel oder zu wenig Essen, durch Rauchen, Armut, Krankheit oder Unfälle. Selbst wenn wir etwas „Unrechtes" getan haben, können wir beschließen, uns nicht damit zu belasten. Wir haben die Wahl.

Lass es einfach los!

Schuldgefühle haben noch nie und für niemanden etwas Gutes gebracht.

Schuld/ Freiheit

Frage dich:

1. Was habe ich aus dieser Erfahrung gelernt?

2. Wofür kann ich in Bezug auf dieses Geschehen dankbar sein?

Veränderung:

1. Erkenne, dass du etwas getan hast, was deinem Niveau nicht entspricht.

2. Gehe die Situation im Geist noch einmal durch und stelle dir vor, wie du im Einklang mit deinem Niveau handelst.

3. Verzeihe dir und lasse die Schuld los.

4. Nimm dir fest vor, es nicht wieder zu tun.

Schuld/ Freiheit

Der Atem des Helden

1. Setze dich auf deine Fersen, falte die Hände.
2. Atme ein, strecke die Arme aus und hebe sie über den Kopf. Der Blick geht leicht nach oben.
3. Atme aus, beuge dich von der Hüfte aus nach vorn. Der Rücken bleibt gerade, die Hüften heben sich nicht.
Berühre mit den Händen den Boden.
4. Bleibe einige Augenblicke in dieser Haltung, atme locker.
5. Richte dich wieder auf, atme dabei ein, hebe die Arme wieder über den Kopf.
6. Atme aus und nimm wieder die Ausgangspostition ein.

Übe mindestens einmal täglich, höchstens dreimal. Wenn du Herzprobleme hast, lasse den Atem ruhig fließen, halte ihn nicht an. Diese Übung befreit von Bürden.

Schuld/ Freiheit

 Die Kranichgeste

1. Sitze mit auf die Knie gelegten Händen, die rechte Handfläche nach oben.

2. Atme ein und hebe dabei die Hände vors Gesicht. Nimm die Hände auseinander und drehe sie nach außen.

3. Drücke Daumen und Zeigefinger jeder Hand fest zusammen. Das ist die Kranichgeste. Halte diese Geste 10 bis 15 Sekunden, konzentriere dich auf den Druck zwischen Daumen und Zeigefinger.

4. Atme aus, lockere die Arme und bringe sie beim nächsten Einatmen in die Ausgangsposition zurück.

Diese Geste hilft, Schuldgefühle loszulassen.

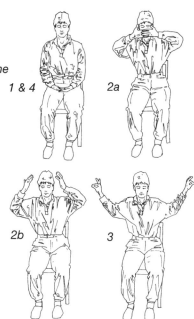

Vielleicht sind alle Schmerzen und Tragödien

absolut unerlässlich für uns,

damit die echte Zufriedenheit,

die unser eigentliches Wesen ausmacht,

aufblühen kann.

Lerne mit dem Schmerz zu arbeiten

und wende ihn zu deinem Vorteil.

Mansukh

Aus der Eifersucht zu innerer Sicherheit

EIFERSUCHT

Eifersucht/ Neid/ Innere Sicherheit

Unser Wanderweg folgte der Route Gandhis „Marsch zum Meer", zum Strand von Dandi. Er führte uns durch eines der ärmsten Viertel der Stadt Navsari, wo die Menschen in winzigen Hütten hausen, die mit Kuhdung abgedichtet sind und deren Dächer aus Blechresten, Säcken und Plastikfolien bestehen. Die Kinder spielten in Grüppchen miteinander, während ihre Eltern in den niederen Eingängen standen und mit uns lachten und scherzten.

Obwohl wir Westler materiell so unvergleichlich viel reicher waren als sie, strahlten sie uns fröhlich an, und keine Spur von Feindseligkeit oder Neid lag in ihren Augen. Was können wir von diesen einfachen Menschen lernen?

Mansukh

Eifersucht/ Neid/ Innere Sicherheit

Neid und Eifersucht können einen Menschen innerlich zerreißen und, wenn sie nicht angemessen bearbeitet werden, eine Beziehung sehr schwer belasten. Diese Gefühle sind äußerst schmerzhaft und scheinen die tiefste Schicht unseres Innern zu berühren. Da Neid und Eifersucht bis zum Mord führen können, ist die Überwindung dieser Ur-Gefühle ein großer Sieg.

Es sind Ur-Gefühle, weil sie einen Teil anrühren, der verzweifelt versucht, in einer Welt zu überleben, von der wir glauben, dass es in ihr nur begrenzt viel Liebe, Geld und Ressourcen gibt. Wenn wir das Wesen der Liebe wirklich verstanden haben, glauben wir so etwas nicht mehr.

Wenn ein Mensch, den wir lieben, jemand anders liebt, fühlen wir uns möglicherweise von aller Welt ungeliebt. Wenn jemand anders die Stelle bekommt, die wir uns so sehr gewünscht haben, glauben wir, dass uns nie mehr eine solche Chance begegnen wird.

Eifersucht und Neid beruhen auf dem Glauben an Mangel.

Eifersucht/ Neid/ Innere Sicherheit

Neid und Eifersucht entstehen aus zwei miteinander verbundenen Gefühlen:

1. Aus dem Gefühl, dass jemand anders etwas bekommt, was wir in unserem Leben sehr zu brauchen oder zu wünschen glauben. Das kann Liebe sein, Geld, Besitz oder Ansehen, alles ein Ausdruck des Bedürfnisses, sich geehrt, respektiert und anerkannt zu fühlen.

2. Aus dem Gefühl der **Ablehnung.** Wir fühlen uns unzulänglich, unwürdig oder unfähig. In Wirklichkeit **lehnen wir uns** durch den Glauben an unsere Unfähigkeit **selbst ab.**

Selbstverachtung heißt, dass wir glauben, wir seien es nicht wert, geliebt, geehrt und respektiert zu werden. Sie entsteht aus einer tiefen Verunsicherung und der Unfähigkeit, uns selbst wirklich zu lieben, zu ehren und zu respektieren.

Eifersucht/ Neid/ Innere Sicherheit

Die Vorstellungskraft kann bei diesem Gefühl eine große Rolle spielen. Oft stellen wir uns Umstände oder Ereignisse vor, die überhaupt nicht stattfinden. Jemand kann verspätet nach Hause kommen, weil er im strömenden Regen eine Autopanne hatte und kein Telefon erreichbar war, die Ehefrau stellt sich aber vor, er sei bei einer anderen Frau.

Ein eifersüchtiger Mensch sucht immer nach etwas, worauf er eifersüchtig sein kann. Deshalb ist es wichtig, die Fantasie nicht ausufern zu lassen.

Wenn du eifersüchtig bist - lehnst du dich selbst ab.

Eifersucht/ Neid/ Innere Sicherheit

Es war einmal ein Mann, dessen Frau war so eifersüchtig, dass sie immerzu seine Taschen, Briefe und Akten nach Beweisen seiner Untreue durchsuchte.

Kaum war er zu Hause, forschte sie ihn gnadenlos aus, fragte nach den neuen Telefonnummern in seinem Notizbuch und suchte seinen Mantel nach fremden Haaren ab.

Eines Tages fand sie weder ein Haar auf seinem Mantel noch sonst irgend etwas Verdächtiges und brach in Tränen aus. „Was ist denn jetzt los?" fragte ihr Mann höchst erstaunt, „du hast doch kein einziges Haar gefunden!"

Sie erwiderte: „Das ist es ja gerade. Jetzt hast du angefangen, mit kahlköpfigen Frauen auszugehen!"

So funktioniert ein eifersüchtiges Gehirn.

Eifersucht/ Neid/ Innere Sicherheit

Neid und Eifersucht loslassen

1. Gehe hinaus und suche einen verblühten Löwenzahn. Lege dich nieder oder gehe davor in die Hocke. Halte die Blume am Stil, blase die Löwenzahnsamen ab und stell dir vor, wie sich mit den Samen deine Eifersucht in alle Winde zerstreut.

2. Stelle dich vor den Spiegel und sprich: **„Ich liebe dich".** Wiederhole den Satz so lange, bis du davon überzeugt bist. Gib dir selbst die Liebe, die du im Moment brauchst.

3. Vergib den Menschen, um die es geht, und versuche, ihre Gefühle zu verstehen. Mache dir bewusst, dass sich alle Menschen innerlich gleichen und genau wie du geliebt, geehrt, geachtet und respektiert werden möchten. Alle suchen nach diesen Gefühlen, oft auf eine Art, die wir nicht nachvollziehen können.

Eifersucht/ Neid/ Innere Sicherheit

 Fortgeschrittene Herzenskraft-Technik

Denke an einen Menschen, den du wirklich liebst.

Stell dir sein Gesicht vor.

Überlagere es nun mit dem Gesicht der Person, auf die du eifersüchtig bist oder die du beneidest.

Dehne deine Liebe auch auf diese Person aus.

Ja, das ist wirklich nicht leicht! Aber es funktioniert!

Siehe Seite 150 „Das Spiegelbild"

Eifersucht/ Neid/ Innere Sicherheit

Die Geste der inneren Sicherheit

Verschränke die Finger ineinander. Schließe die Augen und bleibe mindestens eineinhalb Minuten in dieser Haltung. Konzentriere dich auf die Stärkung der inneren Sicherheit.

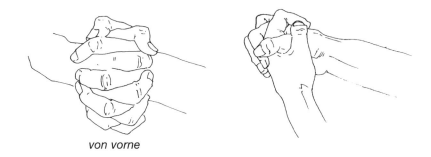

von vorne

Diese Geste baut innere Stärke auf.

Freude kommt von innen

Jacques Lusseyran, der im Alter von acht Jahren bei einem Unfall erblindete, entdeckte in seinem Innern eine Welt der Freude und des Lichts. Er nannte sie seine „Geheimwelt", weil niemand zu verstehen schien, wenn er davon zu berichten versuchte. Als der Krieg ausbrach, war er erst sechzehn Jahre alt. Er organisierte eine Widerstandsbewegung der Jugend und aktivierte mehr als 200 junge Menschen. Er setzte seine innere Sicht ein und „spürte", wer vertrauenswürdig war und wer nicht.

Er und seine Freunde wurden schließlich festgenommen und ins Lager Buchenwald deportiert. Dort bekam Jacques eine lebensbedrohliche Rippenfellentzündung. Im Sterben war ihm nur noch der Atem bewusst, der in seinen Körper kam und ihn wieder verließ.

**„Es gab nur noch eines zu tun - Gottes Hilfe nicht abzulehnen,
sie war der Atem, den er über mich blies."**

Er stellte fest, dass das Leben, das er in seinem Atem fühlte, in seinem Innern zu „einer Substanz" wurde, die sich mit einer Kraft, die tausendmal stärker war als er, einen Weg in seine Krankheit bahnte. Sie kam auf ihn zu, wie „eine schimmernde Wolke", berührte ihn, erfüllte ihn voll und ganz und brachte ihn langsam ins Leben zurück.

Es war der größte Kampf seines Lebens: „Hart und wunderbar zugleich." Ein Kampf zwischen lebenserhaltender Freude und tödlicher Angst.

Die überströmende Freude verließ ihn nie mehr, und auch die folgenden elf Monate extremer Notlage hinterließen keine einzige schlechte Erinnerung in ihm.

Er war sich der Kraft der inneren Freude so sehr bewusst, dass sein einziges Streben nur noch war, sie mit anderen Menschen zu teilen. Er wollte ihnen zeigen, wie sie sich an das Leben halten und an die Macht dieses Lebens glauben konnten.

Eines Tages, wenn wir Winde

und Wellen, Gezeiten und Schwerkraft beherrschen,

werden wir die Energien der Liebe nutzbar machen.

Dann wird der Mensch, zum zweitenmal in der Weltgeschichte,

das Feuer entdeckt haben.

Teilhard de Chardin

Dritter Teil

Über den Tanz hinaus

Dritter Teil: **Über den Tanz hinaus**

	Seite
Liebe, die Kraft des Herzens	**233**
Freude, unsere wahre Natur	**239**
Vergebung, der Schlüssel zum Glück	**245**
Hoffnung und Freiheit	**253**

Liebe, die Kraft des Herzens

Liebe

Was ist Liebe? Liebe ist der Teil in uns, der real ist, der uns friedlich macht, zufrieden, glücklich und frei. Wir sind tolerant, großzügig und können uns Menschen gegenüber öffnen, wir sind „eins" mit dem Leben und den Mitmenschen.

Sie ist die Energie, die im Kern der Schöpfung liegt - die Urkraft, die alles ins Dasein bringt. Sie ist das innerste Wesen dessen, was wir „Leben" nennen, das große Geheimnis, das alles in Bewegung hält. Sie ist unermesslich groß! Liebe ist nicht auf einen bestimmten Zustand oder eine bestimmte Person beschränkt. Liebe ist überall, sie erhält alles und zu jeder Zeit.

Niemand kennt ihren Ursprung, wir wissen nur, dass das Herz des Menschen eine unsichtbare Quelle dieser Energie ist und große Vitalität und Kraft aus dieser Quelle sprudeln. Das Institute of HeartMath in Kalifornien führt den wissenschaftlichen Beweis, dass unser Herz von einem starken Energiefeld umgeben ist, das in einem höheren Frequenzbereich arbeitet als Gehirn und Verstand.

Liebe

Herzenskraft ist nichts Neues. Seit es Menschen gibt, war ihnen das menschliche Herz immer eine Kraftquelle. Aber nur erstaunlich wenige Menschen sind sich der außerordentlichen Liebeskraft tatsächlich bewusst, die ihnen zur Verfügung steht. Die Herzenskraft ist unserer verstandesorientierten Gesellschaft des 20. Jahrhunderts weitgehend verborgen, und vielleicht ist dies der Grund, warum Stress heute der größte Krankheitsfaktor ist.

Wenn Liebe unser Ursprung ist und unser wahres Wesen, warum ist dieses Gefühl dann unserer Alltagserfahrung verborgen? Warum können wir sie nicht immer spüren?

Irgendwann im Laufe der Evolution sind wir abgekoppelt worden von der Liebe, die in uns und in allen anderen Wesen liegt. Wir glauben, „Liebe" und „Kraft" lägen **außerhalb** und wir müssten sie bei Menschen, Orten und Dingen wie Geld und Prestige suchen.

Der Glaube, dass Liebe von außen kommt und wir einen Menschen finden müssen, der uns liebt, hat uns geschwächt und von der Kraft unseres eigenen Herzens abgeschnitten.

Wir müssen erkennen, dass die von allen ersehnte Liebe **bereits in unserem Inneren vorhanden ist** und wir nur Wege finden müssen, diese Liebe immer zu fühlen. Dann werden wir feststellen, welches Denken, Fühlen und Tun uns unsere wahre Natur verhüllt, und dann entsprechende Veränderungen herbeiführen.

Mit der **Herzenskraft** in Berührung kommen heißt, zu einer natürlicheren Daseinsweise zurückzukehren, wo Liebe kein knapper Artikel, sondern eine unbegrenzte innere Ressource ist.

> **Liebe hat die Kraft, jede negative Erfahrung,**
> **welcher Art auch immer,**
> **aufzulösen.**

Liebe, die Kraft des Herzens

1. Eine der besten Möglichkeiten, mit Liebe in ihrer reinsten Form in Berührung zu kommen, besteht im **Schenken. Freigebigkeit** ist der schnellste Weg, unser Herz zu öffnen. Sie verbindet uns direkt mit dem Herzen der Schöpfung, das immer schenkt und gibt. Zum Beweis dieser Wahrheit brauchst du nur eine Blume oder einen Baum zu betrachten, die aus einem kleinen Samenkorn wachsen und Millionen Samen zurückgeben. Die Schöpfung schenkt im Übermaß, ohne je zu nehmen, **denn das ist das Wesen des Lebens.** Wenn du dir Möglichkeiten des Gebens erschließt, wird sich nach und nach dein ganzes Lebengefühl verändern.

2. **Dankbarkeit** ist ein weiterer guter Weg zum Spüren deiner Herzenskraft. Danke aktiv und bewusst für alles in deinem Leben - was es auch sein mag. Dankbar zu sein für die guten und die schlechten Zeiten, den Schmerz und die Freude, das Lachen und die Tränen, öffnet das Herz.

3. **Stilles Sitzen** und die tägliche Konzentration deines Geistes, und sei es nur kurze Zeit, bringt dich mit deinem Innern und deiner eigenen, wahren Quelle der Liebe in Berührung.

Wer sich an die Freude bindet

zerstöret das beschwingte Leben,

Wer sie küsst in ihrem Fluge,

lebt im Morgenglanz der Ewigkeit.

William Blake

Freude, unser wahres Wesen

Freude

Erinnere dich nun an den ersten Sonnenaufgang in deinem Leben, oder den ersten Spaziergang am Meer an einem warmen Sommertag, oder als dir jemand zum ersten Mal sagte: **„Ich liebe dich."**

> **Ein kleines Kätzchen oder ein neugeborenes Kind halten.**
> **Eine Sternschnuppe sehen.**
> **An einem Lagerfeuer sitzen.**

All das sind Gefühle der Freude, die aufkommen, wenn unser Geist sein „Wollen" einstellt. Wir wollen an diesem Augenblick nichts verändern. Wir akzeptieren das Leben so, **wie es jetzt ist.**

Die Freude, die wir in den Augen eines Kindes sehen, ist immer noch in uns, so unglaublich es klingt! Sie wurde nur unter allen möglichen anderen Dingen begraben. Wir haben die Aufgabe, unser kindliches Wesen neu zu entdecken und in den Mittelpunkt zu stellen, anstatt uns auf Schmerz, Sorgen, Belastungen und Anspannungen zu konzentrieren.

Freude

Freude ist der Zustand, der dem **Herzen des Menschen** gemäß ist. Deshalb suchen wir in jeder Situation nach Freude.

Im Nahen Osten beispielsweise, wo die Menschen so viel Bedrückung erleiden, erlebten wir, wie viel sie dennoch lächeln und lachen. Obwohl es auf beiden Seiten viel Furcht und Schmerz gibt, haben doch alle den Drang, ihrem Leben freudige Augenblicke abzuringen. Sie strahlen Heiterkeit aus, weil sie instinktiv wissen, dass sie Freude zum Überleben brauchen.

Deshalb spielen immer noch lachende Kinder auf den Straßen und veranstalten Feuerwerke, obwohl das Leben aller ständig bedroht ist.

Freude ist der spontane Gefühlsausbruch eines lachenden Herzens.

Freude

Der Lebenswille ist so stark, dass es nur zwei Möglichkeiten gibt, wenn du mit dieser Kraft konfrontiert wirst:

Entweder verschließt du dich und stirbst,
oder du öffnest dich und blühst auf wie eine Blume.

Wenn auch nur ein Mensch sich zu seiner wahren Größe erhebt, kommt dieser Reichtum der gesamten Menschheit zugute.

Insofern ist Erfolg eine Frage der **Wahl.** Unser Problem besteht darin, dass es nur allzu leicht ist, Schmerz zu unserem Hauptthema zu machen und unser Leben damit auszufüllen. In jeder Lebenslage, wenn der Tanz zwischen Schmerz und Freude stattfindet, **wählen wir, welches Gefühl wir verstärken.** Die Freude ist da, doch oft richten wir unsere ganze Aufmerksamkeit auf den Schmerz und lassen sein Gegenstück völlig außer Acht.

Freude

Das ist nichts weiter als eine schlechte Angewohnheit. Wir können uns stattdessen angewöhnen, nach der Freude Ausschau zu halten, dann werden wir sie auch finden!

Wenn wir uns auf die Freude konzentrieren, wird sie sich ausdehnen und unser Leben erfüllen.

So war es bei jenem Bergmann, der bei einem Grubenunglück schwer verletzt wurde und vom Hals ab gelähmt war. Als seine Freunde ihn besuchen kamen, waren sie so bedrückt, dass **er sie** aufheitern musste. Er sagte: „Leute, wisst ihr was? Jetzt habe ich nie mehr kalte Füße!"

Das heißt den Schwerpunkt auf die Freude legen.

Vergebung ist der Duft, den die zertretene Blume dem nachschickt, der sie zerstört.

Vergebung, der Schlüssel zum Glück

Vergebung

Vergebung ist eines der stärksten Heilmittel, die es gibt. Vielleicht fällt sie uns deshalb auch so schwer. Ich wiederhole:

Vergebung ist eines der stärksten Heilmittel, die es gibt.

Sie kann uns vom tiefsten körperlichen und seelischen Schmerz befreien, von Symptomen langgehegten Grolls und alter Verbitterung. Warum fällt es uns so schwer, zu verzeihen, wenn Vergebung uns doch befreit?

Vielleicht meinen wir, einem Menschen sein Tun zu verzeihen, hieße, ihn „davonkommen" zu lassen; als wäre unser Hass die Strafe, die wir ihm auferlegen.

Mit Hass und Unversöhnlichkeit bestrafen wir uns selbst. Unversöhnlichkeit verletzt uns nicht nur, sondern zerstört uns im Laufe der Zeit.

Rabbi Gelberman verlor im Holocaust seine gesamte Familie. Er stellte fest, dass seine Kollegen nicht aufhören konnten, ihrem Zorn und ihrer Feindseligkeit Ausdruck zu verleihen und dadurch Hitler mit nach Amerika brachten. Er sah, wie sie von ihrem Hass und ihrer Wut buchstäblich umgebracht wurden und beschloss, dass Hitler ihn nicht kriegen sollte.

„Ich kann Hitler nicht im Namen meiner Frau, meines Kindes und meiner Eltern vergeben, aber ich kann mich dafür entscheiden, statt Wut und Feindseligkeit die Freude zu fühlen, von der sie abgeschnitten wurden und auf die sie ein Anrecht gehabt hätten," sagte Rabbi Gelberman. Gerade mit ihrer Unfähigkeit, Hitler zu vergeben, überließen seine Kollegen ihm den Sieg. Hätten sie vergeben, wäre der Sieg auf ihrer Seite gewesen.

Es geht also nicht darum, ob jemand Vergebung **verdient oder nicht.** Es geht darum, dass **wir es nicht verdienen**, an den schmerzlichen und zerstörenden Folgen des Nicht-Verzeihens **zu leiden**.

Vergebung

 Warum soll ich vergeben?

1. Ein Augenblick der ehrlichen Vergebung kann die Trümmer jahrelanger Schmerzen aus dem Weg räumen.

2. Vergebung befreit dich von der **Last**, ungerecht behandelt worden zu sein.

3. Wenn du aktiv vergibst, kann die Kraft des Herzens auf dein Unbewusstes einwirken und die selbstzerstörerischen Gewohnheiten von Wut, Gram und Hass aufbrechen.

4. **Wenn du wirklich glücklich sein möchtest, musst du dich bemühen, denen zu vergeben, die dir Unrecht getan haben.**

So kann ich vergeben

1. Stufe: Affirmiere täglich: **„Ich bin bereit, zu vergeben."** Arbeite mit dieser Affirmation, bis dir die Vorstellung leichter fällt.

2. Stufe: Übe jeden Tag den Atem zur Öffnung des Herzens (S. 98). Das wird dir die Last, die du mit dir herumträgst, leichter machen.

3. Stufe: Schreibe alle deine Gefühle auf ein Blatt Papier, all die Wut, Bitterkeit und den Schmerz. Wickle das Papier um einen kleinen Zweig und setzte es vorsichtig ins Wasser eines Flusses. Blicke ihm nach, wie es zum Meer hin schwimmt und Bitterkeit und Schmerz mitnimmt.

4. Stufe: Stelle dir den betreffenden Menschen vor. Du wirst merken, dass du bereit bist zu verzeihen, wenn du ohne negative Reaktion an ihn denken kannst.

Vergebung

Blicke ihm in deiner Vorstellung in die Augen und sage:
„Ich vergebe dir, was du getan hast."

Herzlichen Glückwunsch! Jetzt bist du frei!

Auch eine Reise von tausend Meilen beginnt mit dem ersten Schritt.

Mahatma Gandhi

Hoffnung und Freiheit

Hoffnung und Freiheit

Was fehlt unserem Leben? Hoffnung!

Der Hauch von Hoffnung ist überall, und doch können unsere Sinne ihn nicht erfassen. Warum? Weil Hoffnung mit den normalen Mitteln unseres Verstandes nicht zu erfassen ist. Hoffnung ist überall - und doch nirgendwo zu sehen. Wir können ohne Nahrung und Wasser leben, doch nie sollten wir versuchen, ohne Hoffnung zu leben.

Mit der Kraft der Hoffnung werden all unsere Träume und Sehnsüchte erfüllbar, weil sie uns wie ein Surfbrett zu allen Siegen und über alle Hürden unseres Lebens trägt.

Erfülle deine Worte, Handlungen und Visionen **mit Hoffnung,** denn genährte Hoffnung wird deinem Leben Form geben und Sinn verleihen.

> **Hoffnung gibt und vergibt,**
> **Hoffnung ist das Gesetz der Freundlichkeit,**
> **die Kunst der Freigebigkeit,**
> **das Licht der Sonne,**
> **der Regen für die Bäume,**
> **das Wasser für die Seefahrer,**
> **die Bewegung in unserem Herzen,**
> **das Funkeln der Sterne.**
> **Mut wird von der Hoffnung beflügelt.**
>
> **Die Hoffnung verlässt uns nie.**

Hoffnung und Freiheit

Das Gedicht auf der nächsten Seite ist eines der inspirierendsten, das mir je begegnet ist.
Es steht auf einer Bronzetafel an der Wand des Institute of Physical Medicine and Rehabilitation in New York City. Es soll von einem unbekannten amerikanischen Soldaten verfasst worden sein.

Ich hoffe, dass dieses Gedicht allen Menschen, die gelitten und die Qual und Trauer des Lebens erfahren haben, Zuversicht und Trost bringt. Bitte lies es, wenn dir das Leben verwirrend und auswegslos erscheint.

**So notwendig wie die Nahrung für den Körper
ist das Gebet für die Seele.**

Mahatma Gandhi

Hoffnung und Freiheit

Ich bat Gott um Kraft zum Erreichen meiner Ziele,
Ich wurde schwach gemacht, um demütig gehorchen zu lernen.

Ich bat um Gesundheit, um große Taten vollbringen zu können,
Ich bekam ein Gebrechen, um bessere Dinge zu tun.

Ich bat um Reichtümer, um glücklich zu sein,
Ich bekam Armut, um weise zu werden.

Ich bat um Macht, um von den Menschen anerkannt zu sein,
Ich bekam Demut, um mich nach Gott zu sehnen.

Ich bat um alles, was im Leben Freude macht,
Ich bekam das Leben, um alles zu genießen.

Ich bekam nichts von dem, worum ich bat, aber alles, worauf ich gehofft hatte.
Fast gegen meinen Willen wurden meine unausgesprochenen Gebete erhört.

Ich bin der gesegnetste aller Menschen.

Hoffnung und Freiheit

Die ganze Welt hängt von unseren Handlungen ab - hier und heute. Für die Freiheit zu leben heißt, **Freiheit zu denken, zu reden, zu träumen, zu handeln und zu leben.** Jede Form der Ausbeutung, auf jeder Stufe der menschlichen Gemeinschaft, ist ein Symptom für den Mangel an Freiheit. Unsere einzige, echte Freiheit liegt nicht nur in unserem Wissen, sondern in unserer „Erkenntnis"; dem lebhaften Wunsch, uns **von innen heraus** zu erneuern, um des ganzen Menschengeschlechts willen, von dem wir ein Teil sind. Sie ist eine Frage der **„Herzensbildung"**, das heißt, dass wir furchtlos für das eintreten, was gut und richtig ist.

Wir müssen **an die Freiheit glauben** und bereit sein, uns ganz für unsere körperliche, geistige, emotionale und spirituelle Stärke einzusetzen. Die Freude und das Erstaunen, die Freiheit uns bringt, werden aus **dem tiefsten Glauben an die Macht des Lebens** gespeist.

Kein Mensch verliert seine Freiheit, außer durch eigene Schwäche.

Mahatma Gandhi

Nachwort

Warum 5000 Kilometer gehen?
Eine Vision für eine bessere Welt ist eine Sache, es müssen jedoch Kraft und Energie hinter dieser Vision stehen.

Wir haben die Erfahrung gemacht, dass eine Fußreise uns der Wirklichkeit und dem Kern einer Kultur näher bringt als alles andere, weil sie uns einen umittelbaren Kontakt zu den Menschen ermöglicht. Sie ist eine wunderbare Möglichkeit, den Alltag der Menschen kennenzulernen.

Mahatma Gandhi wanderte durch das Land und demonstrierte damit sein ungeheures Engagement für die Befreiung Indiens. Der simple Vorgang, über einen bestimmten Zeitraum einen Fuß vor den anderen zu setzen, verhilft dem Geist zu einer unglaublich konzentrierten Ausrichtung auf einen Punkt. Das Gehen verstärkte Gandhis Zielstrebigkeit und brachte ihn mit der Bevölkerung Indiens in Kontakt. Die Menschen konnten sich ihm anschließen, sie wurden von seiner Begeisterung mitgerissen und von seiner Zielstrebigkeit angesteckt.

Nachwort

Gandhi wanderte ohne Gepäck, nur mit einem Lendentuch bekleidet, weil er sagte, jeder Mensch sei vollständig, **so wie er ist,** und die jedem Menschen eigene Kraft sei der innere Reichtum, nicht der materielle. Von Gandhi inspiriert, sind auch wir zu Fuß unterwegs, um unsere Worte mit Energie aufzuladen und unsere Visionen durch Taten zu verstärken. Wir glauben, dass jede Handlung, die einem kraftvollen Gedanken entspringt, tatsächlich etwas bewirkt.

> **Das Wunder besteht nicht darin, in der Luft zu fliegen
> oder auf dem Wasser zu wandeln,
> sondern auf der Erde zu gehen.**

Chinesisches Sprichwort

Nachwort

Die hier zusätzlich aufgeführten schlichten Richtlinien werden nach und nach deinen Lebensstil dergestalt verändern, dass du nicht länger Sklave oder Sklavin deiner Emotionen bist und nur auf Ereignisse reagierst.

• Sorge für ausreichende Erholungspausen und ernähre dich gut und natürlich.

• Umgib dich mit Menschen, die dich inspirieren und emporheben.

• Nimm dir Zeit zum Alleinsein und genieße die Stille.

• Nimm dir jeden Tag nur ein kleines Stückchen vor. Das Leben besteht in der Regel nicht aus einer plötzlichen, hundertprozentigen Veränderung, sondern eher aus hundert einprozentigen Veränderungen!

• Je mehr du übst, desto eher wird die BHM-Technik dir helfen, dein Leben ins Gleichgewicht zu bringen.

Danksagungen

Dieses Buch wäre nicht entstanden ohne die Unterstützung und die Inspiration vieler Menschen.

Unser herzlicher Dank geht an Sally Langford, die viele Monate lang für uns recherchierte und Informationen zusammentrug, aber auch tippte und für das Layout sorgte, an Chris Barrington für seine stete Ermutigung, seine zuverlässige Unterstützung, für Inspiration und gute Ratschläge und an Annie Jones, unsere BHM-Technik-Beraterin, für ihre Hilfe und Anleitung. Dank auch an Dr. Helena Waters, Jean McCuish und Andrew Wells für ihre Mitarbeit. Ganz besonderen Dank möchten wir Dr. Rüdiger Dahlke sagen, für sein so einfühlsames und inspirierendes Vorwort.

Wir danken Jean Marvin für die vielen Nacht- und frühen Morgenstunden am Computer, ihr großes Engagement und ihre Liebe und allen unseren Kolleginnen und Kollegen bei der Life Foundation, die unsere Reisen und Pilgerfahrten unterstützten, denn ohne sie wäre unsere Arbeit nicht möglich gewesen. Es ist schwer, die große Dankbarkeit auszudrücken, die wir für sie empfinden.

Danksagungen

Wir danken Regina Doerstel und Jeff Cushing für ihren Rat, ihre Anregungen, besonders aber Jane Patel, John Jones, Anita Goswami, Paulette Agnew, Barbara Wood, Gordon Turner und Mieke De Graaf für ihre Begeisterung, ihre kreativen Ideen und ihre Hilfen im Alltag. Ferner danken wir Anne und Emily Douglas, Gwyneth Clapham, Ruth Boaler und Jessica Scard für stundenlanges Korrekturlesen.

Bei Lucy Clair Byatt bedanken wir uns herzlichst für ihre wunderbaren Illustrationen. Sie besitzt die Fähigkeit, im Handumdrehen Zeichnungen zu produzieren und zwar mit solcher Begeisterung und Fröhlichkeit, dass es eine Freude ist, mit ihr zu arbeiten. Wir möchten auch all den zahllosen Menschen danken, die wir auf unseren Reisen kennengelernt haben. Sie haben unser Leben bereichert und unsere Vision von einer besseren Welt gestärkt. Schließlich bedanken wir uns auch bei Mahatma Gandhi für seine grenzenlose Inspiration und Führung durch das Beispiel, das er uns vorgelebt hat.

Danke

Über den Autor und die Autorin

Dr. Mansukh Patel

ist einer der seltenen Menschen, die das Talent zum Wissenschaftler, Philosophen, Autor, Lehrer und Therapeuten in sich vereinen. Er wuchs in der Wildnis des Rift Valley in Kenia auf, eine ideale Voraussetzung, das Leben in seinen Tiefen und seinem wahren Wesen kennenzulernen. Als Augenzeuge des Mau Mau-Aufstands sah er das Leben in seiner brutalsten Form. Sein profundes Wissen um Schmerz und menschliches Leid rührt aus diesen Erfahrungen, ebenso sein tiefes Mitgefühl für die Not der Menschheit. Später verband er sein Studium der Biochemie und seine Forschungen über die Toxikologie von Krebserkrankungen mit Osteopathie und dem traditionellen Wissen anderer Kulturkreise. Das Ergebnis ist ein großer Reichtum an Weisheit und praktischen Techniken, die den Menschen tatsächlich helfen.

Mansukh ist von ganzem Herzen davon überzeugt, dass jeder einzelne Mensch den Schlüssel zu seiner Freiheit in sich trägt. Sein tiefes Mitgefühl für die Menschen und die Umwelt haben ihn veranlasst, viele beachtliche und einmalige Projekte zu gründen und aktiv zu betreiben, so z.B. die Friendship Without Frontiers-Pilgerreise, den LifeWalk 2000 und den Eurowalk 2000. Diese Projekte sind von Mahatma Gandhi inspiriert, der die Kraft des Gehens wirklich begriffen hatte, und bringen den Menschen auf der ganzen Welt Hoffnung und Inspiration. Dr. Mansukh Patel ist Gründungsmitglied der *Life Foundation School of Therapeutics*, und seine größte Freude bestand schon immer darin, die Menschen zu lehren, ungeachtet ihrer Prüfungen und Heimsuchungen froh, kreativ und erfolgreich zu leben. Mansukh lebt mit seiner Frau und seinen drei Kindern in Nord Wales.

Rita Goswami

ist eine Frau mit einer Vision und der notwendigen Kraft, sie in die Tat umzusetzen. Rita wurde in den fünfziger Jahren in Afrika geboren. Sie wuchs auf in Idi Amins Uganda in einer Atmosphäre kriegerischer Auseinandersetzungen. Auch sie wurde schon früh mit den tiefsten Fragen des menschlichen Lebens konfrontiert. Sie stellte fest, dass überall Vorurteile herrschen, und das veranlasste sie zu einer gründlichen inneren Suche nach Lösungen für die Probleme, die uns alle beschäftigen. Sie wurde Sozialberaterin für ethnische Minderheiten, studierte Soziologie am University College of North Wales in Bangor und legte das Examen in Krankenpflege ab.

Über den Autor und die Autorin

Ihre Sorge und ihr Mitgefühl für die Menschen und das übergroße Leid, das sie in ihrer Umgebung sah, führte sie in die Welt von Yoga, Meditation und persönlichem, innerem Wachstum. Rita hat viele weite Reisen unternommen und dabei ihren ureigenen Ansatz zu Meisterschaft im Leben gelehrt und weiterentwickelt. Vor kurzem hat sie die weltweite Friendship Without Frontier-Pilgerfahrt zur Förderung des inneren und äußeren Friedens geleitet. Die Reise dauerte achtzehn Monate und führte durch einunddreißig Länder.

Rita hat die Gabe, in jeder Situation die Wahrheit zu erkennen und deutlich zu machen. Sie kann das Leben klar wahrnehmen und mit Charme und großer Leichtigkeit darüber sprechen. Ihr ausgeprägtes Einfühlungsvermögen verschafft ihr einen direkten Zugang zu den Themen, die moderne Menschen heute beschäftigen. Sie schöpft aus ihrem reichen Wissen über Dru Yoga, ganzeitliche Gesundheitspflege, moderne Medizin und den fernöstlichen Wissenschaften. Rita ist ebenfalls Gründungsmitglied der *Life Foundation School of Therapeutics* und lebt in den West Midlands, England.

The Life Foundation School of Therapeutics

Die **Life Foundation School of Therapeutics (L.F.S.T.)** arbeitet daran, die Gemeinsamkeit aller Menschen herauszustellen und Grenzen, die Menschen voneinander trennen, zu überwinden. Sie geht davon aus, dass Vielfalt und Individualität gemeinsam die Wahrheit belegen können, dass alle Wege eins sind.

Die L.F.S.T. möchte die universalen Gesetze, ob sie physiologischer oder spiritueller Natur sind, im täglichen Leben umsetzen, um so der „Natürlichkeit" des Menschen Ausdruck zu verleihen und sie in eine positive Richtung zu lenken. Die L.F.S.T. blickt zuversichtlich in die Zukunft und lädt dich ein, an ihren Kursen und internationalen Konferenzen teilzunehmen und einen ökologisch verträglichen und fortschrittlichen Lebensstil zu erkunden.

Die Fortsetzung und Ergänzung dieses Bandes bildet das Buch „Krisen sind Tore zur Freiheit" von Mansukh Patel und Helena Waters, das ebenfalls im Genius Verlag erschienen ist (siehe S. 281).

Die Weltfriedensflamme

Aus Flammen, die von allen Kontinenten der Erde zusammengetragen und vereint worden waren, entstand im Juli 1999 die eine WELTFRIEDENSFLAMME. Sie ist ein lebendiges Symbol der Einheit aller Menschen und des Friedens. Helfer der L.F.S.T. tragen sie nun um die ganze Welt:

Dorthin, wo Not ist.
Dorthin, wo Menschen positive Wege des Zusammenlebens entwickeln.
Und dorthin, wo wichtige Entscheidungen
für die Zukunft der Menscheit und unseres Planeten getroffen werden.

Für weitere Informationen über die Arbeit der L.F S.T. und den EUROWALK, über Kurse, Seminare und Konferenzen im In- und Ausland sowie weitere Publikationen kannst du dich wenden an:

LIFE Foundation
Mira Müller-Grosse
Schwarzerweg 9
D-58739 Wickede

Tel. und Fax: 0231-5310-982

eMail: D@lifefoundation.org.uk

L.F.S.T., Snowdon Lodge
Tyn-y-Maes, Bethesda
Gwynedd LL57 3LX, North Wales
Großbritannien
www.lifefoundation.org.uk
Tel. 0044-1248-602 900
Fax 0044-1248-602 004
eMail: enquiries@lifefoundation.org.uk

Anhang

Grundlagen zur

Transformation emotionaler Energie im Körper

Anhang

Körperteil	Gefühl	Farbe	Blütenessenz	Laut
Herz	Freudlosigkeit/Verleugnung	Rot	Lärche *(Larch)*	OO
Leber	Wut/Eifersucht/Neid	Grün	Stechpalme *(Holly)*	TJA
Gallenblase	Bitterkeit/Groll	Dunkelgrün	Weide *(Willow)*	MMM
Nieren	Furcht/Angst	Marineblau	Mimose *(Mimulus)*	SJJ
Lunge	Trauer/Niedergeschlagenheit	Weiß	Doldiger Milchstern *(Star of Bethlehem)*	WAA
Knie/Hüften	Angst vor Weiterentwicklung	Grün	Walnuss *(Walnut)*	VAA
Hals/Gelenke	Eigensinn/starre Gedanken	Türkis	Weinrebe *(Vine)*	OOAA
Augen	Wahrnehmung	Indigoblau	Mimose *(Mimulus)*	HAA
Schilddrüse	Selbstausdruck/Kreativität	Königsblau	Hornklee *(Cerato)*	OHH
Milz	Mangel an Selbstvertrauen	Gelb	Einjähriger Knäuel *(Scleranthus)*	THAA[1]
Blase	Angst/Festhalten	Marineblau	Geißblatt *(Honeysuckle)*	RAA
Pankreas	Süße des Lebens fehlt	Gelb	Wildrose *(Wild Rose)*	FA
Zentralnervensystem	Innere Aufregung	Dunkelblau	Eisenkraut *(Vervain)*	EEE

[1] Stimmhaftes „th" wie im engl. „the".

Öl	Geh-Therapie	Affirmation
Orange	Küstenpfade	Ich ehre die Weisheit meines Herzens.
Kamille	An einem Fluss	Ich lasse los und fließe wie ein Fluss.
Zitrone	Im Regen	Ich vergebe Vergangenes und lasse es los.
Geranie	Unter den Sternen	Ich bin geborgen, das Leben ist auf meiner Seite.
Rose	In den Bergen	Ich akzeptiere alles und lasse die Vergangenheit los.
Muskatellersalbei	An Wasserfällen	Ich lasse mein Leben sich natürlich entfalten.
Rosenholz	Über Hügel	Ich sehe das Leben von allen Standpunkten aus.
Rosmarin	Am Meer	Ich nehme das Leben nun wahr, wie es tatsächlich ist.
Glockenblume	Im Wind	Ich kann mich nun ungefährdet und uneingeschränkt ausdrücken.
Ylang Ylang	Heiße, sonnige Tage	Ich glaube an meine Kraft.
Ylang Ylang	An Kanälen	Loslassen schafft Platz für Neues.
Weihrauch	An Wasserfällen	Ich bestimme über mein Leben.
Zeder	An Teichen und Weihern	Ich atme ruhig, ich atme meine Angst aus.

Technik zur Transformation emotionaler Energie im Körper

für Herz und Lunge

für Bauch und Verdauungsorgane
Leber
Gallenblase
Nieren
Milz
Pankreas

Beschreibe um die dargestellten Bereiche mit Ring- und Mittelfinger der rechten Hand neun Kreise gegen den Uhrzeigersinn und sieben Kreise im Uhrzeigersinn.
(Als würdest du ein Zifferblatt auf deinen Körper malen.)

Index Bewegungen und Techniken

Seite

Wut/Kreativität/Dynamik
Der Zehn-Stufen-Plan zum Umgang mit Wut 63

Das Löwenherz 66
Die Wechselatmung 67

Angst/Mut/Stärke
Lokalisiere deine Angst 83
Strecken und Loslassen 87
Der Flug ohne Furcht 88

Einsamkeit/Einssein
Freigebigkeit ist der Schlüssel 97
Atemübung zur Öffnung des Herzens 98

Index Bewegungen und Techniken

	Seite
Alleinsein	
In der Gegenwart sein	104
Der Feder-Atem	105
Unzulänglichkeit/Selbstwertgefühl	
Ein starkes Selbstbild aufbauen	117
Die herzliche Umarmung	118
Der Sonnenatem	119
Krise/Transformation	
Die Krise umwandeln	130
Der Gruß an die vier Himmelrichtungen	136
Hass/Liebe	
Das schwingende Pendel	149
Das Spiegelbild	150

Index Bewegungen und Techniken

Seite

Verurteilung/Mitgefühl
Das Verlassen des Käfigs — 163

Ablehnung/Selbstliebe
Die Technik zur Stärkung der Herzenskraft — 174
Das starke Herz — 179

Depression/Selbstbestärkung
Dankbarkeit ist die beste Haltung — 188
Der Su-Atem — 189

Trauer/Erneuerung
Die Haltung des Mitgefühls — 207

Index Bewegungen und Techniken

	Seite
Schuld/Freiheit	
Freiheit von Schuld	214
Der Atem des Helden	215
Eifersucht/Neid/Innere Sicherheit	
Fortgeschrittene Herzenskraft-Technik	226
Vergebung/Der Schlüssel zum Glück	
So kann ich vergeben	249

Index - Gesten und Haltungen

Seite

Wut/Kreativität/Dynamik
Die Geste der Toleranz — 68

Angst/Mut/Stärke
Die Geste der Offenheit — 85
Die Geste des Mutes — 86

Hass/Liebe
Die Geste des Mitgefühls — 148

Verurteilung/Mitgefühl
Die Geste des Mitgefühls — 164
Die Geste der Freundschaft — 165

Index Gesten und Haltungen

Seite

Zurückweisung/Selbstliebe
Die Geste der Unschuld — 177
Die Geste der Hochachtung — 178

Depression/Selbstbestärkung
Die Geste der Akzeptanz — 190

Trauer/Erneuerung
Die Geste des Loslassens — 205
Die Geste der Stille — 206

Schuld/Freiheit
Die Kranichgeste — 216

Eifersucht/Neid/Innere Sicherheit
Die Geste der inneren Sicherheit — 227

Genius Verlag

Dr. Mansukh Patel & Dr. Helena Waters
Krisen sind Tore zur Freiheit
Ein Arbeitsbuch für persönliches Wachstum in allen Lebensphasen
broschiert, 391 Seiten, zahlreiche Abbildungen
DM 35,-, €15,90. ISBN 3-9806106-8-3

Nach dem großen Erfolg von „Der Tanz zwischen Freude und Schmerz" das neue Arbeits- und Selbsthilfebuch der Life Foundation:

Ob Kindheit, Pubertät, Ausbildung, Familiengründung, Karriereplanung, Midlife Crisis, Krankheit, zweiter Frühling, Trennungen oder Lebensabend - in jedem Lebensabschnitt gibt es Momente besonderer Kraft, in denen sich unsere Entwicklung immens beschleunigt. Diese Kraftphasen sind zu allen Zeiten und in allen Kulturen bewusst genutzt worden. Heute jedoch werden sie meist ignoriert. In der Folge kämpfen wir uns oft orientierungslos durch unser Leben und seine Krisen. Wenn es uns gelingt, Zuang zu diesen Wendepunkten zu finden, können wir uns von destruktiven Einflüssen befreien und aufhören, uns selbst zu sabotieren. Die klare Gliederung nach Lebensphasen, die anschaulichen Beispiele und vor allem die vielen bewährten, den „Tanz" ergänzenden Übungen für Körper, Geist und Seele helfen, die Chance in jeder Krise zu erkennen und aktiv zu nutzen. Es gibt immer einen Weg!

Genius Verlag

Walter Russell: Das Genie steckt in jedem

kartoniert mit Lesebändchen, 92 Seiten,
DM 16,- / € 8,20 . ISBN 3-9806106-0-8.

In jedem Menschen steckt ein ungeheures Potential, das in dem Augenblick beginnen kann, sich zu entfalten, wo wir es anerkennen. Wir brauchen nicht in der Angst zu leben, wir seien nur „Massenware" und nicht gut genug. Jeder und jede von uns hat eine einzigartige Aufgabe, die nur er bzw. sie auf dieser Erde und für diese Erde erfüllen kann – und wir erkennen diese Aufgaben ganz einfach daran, dass sie uns Freude machen!

Das Buch schenkt uns den Mut, unserer Herzensstimme zu folgen. Es ist ein wunderbares Geschenk für alle, die sich gern kleiner machen, als sie sind — und wir alle sind größer, als wir denken!
„Der einzige Unterschied zwischen dem größten Genie der Welt ... und dem Durchschnittsmenschen liegt darin, dass ein Genie um das Licht in seinem Innern weiß und der Durchschnittsmensch nicht." (Walter Russell)

Genius Verlag

DAS THOMASEVANGELIUM

Neu übersetzt und mit einer Einleitung versehen von Christoph Greiner.

142 Seiten, Lesebändchen, Leinen mit Prägung
DM 25,- / € 12,80 ISBN 3-9806106-1-6.

„Die innere, bestimmte Gewißheit, dass dies eine wirklich authentische Sammlung von Meisterworten ist, hat mich nie verlassen ..." (aus dem Vorwort). Das Thomasevangelium ist in seinem Ursprung wahrscheinlich das älteste Zeugnis von Jesus. Es war von ca. 390 bis 1945 im Wüstensand Ägyptens bei Nag Hammadi verborgen und blieb so dem Zugriff all derer, die in anderen Evangelien die Worte des Meisters zensiert haben, entzogen. Viele der Gleichnisse sind „neu" und weisen eine kristallklare Frische und Prägnanz auf, die zuweilen atemberaubend ist. Christoph Greiner hat die (altkoptisch aufgezeichneten) Worte des Meisters mit großer Unmittelbarkeit und unbeeinflusst von kirchlichen Dogmen in eine klare Sprache gebracht. Die einzelnen Verse kommen unkommentiert in ihrer ganzen Reinheit zur Geltung, und wir sind aufgerufen, in direkter Zwiesprache mit dem Meister unsere ureigene Wahrheit zu finden.

Genius Verlag

Glenn Clark:
WALTER RUSSELL – Vielfalt im Einklang

Kartoniert, Lesebändchen, 108 Seiten,

DM 25,-/ € 12,80 ISBN 3-9806106-6-7

Nikola Tesla riet ihm, seine revolutionären wissenschaftlichen Erkenntnisse für 1.000 Jahre wegzuschließen, bis die Menschheit reif genug sei. US-Präsidenten ließen sich von ihm porträtieren. Mit den bedeutendsten Denkern seiner Zeit stand er in geistigem Austausch. Er entwarf Gebäude, die heute noch berühmt sind und entwickelte ein geniales System der Eigentümer-Kooperative.

Mit siebzig Jahren gewann er Preise im Eiskunstlauf... Russell gehörte zu den genialen Autodidakten und befasste sich, nachdem er mit nur neun Jahren die Schule verlassen musste, neben vielen anderen Dingen als Autor und in Vorträgen mit zahlreichen wissenschaftlichen, philosophischen und spirituellen Themen, schuf wunderschöne Bilder und Skulpturen und gründete zusammen mit seiner kongenialen Frau Lao Russell im amerikanischen Swannanoa eine private Fernuniversität, die heute noch besteht und bereits zahlreichen Menschen geholfen hat, ihr Genie zu entfalten. Der faszinierende Lebensweg und die wegweisenden Ansichten des Universalgenies Walter Russell (1871-1963) machen die geistigen Grundlagen seiner phänomenalen Leistungen nachvollziehbar - jür jeden!

Die amerikanische Originalausgabe unter dem Titel **"The Man who tapped the Secrets of the Universe"**

(„Der Mann, der die Geheimnisse des Universums anzapfte") wurde inzwischen über 300.000 mal verkauft.

Genius Verlag

Walter Russell
Geheimnis des Lichtes

Kartoniert, Lesebändchen, ca. 320 Seiten

DM 48,90 / € 25,- ISBN 3-934719-07-4, Erscheinungstermin: März 2002

Natürliche Wissenschaft im Einklang mit allem Lebendigen.

Die „moderne" Physik (Heisenberg, Planck, Einstein) ist in ihren Forschungen Bereits zu Anfang des letzten Jahrhunderts auf die Einheit von Naturwissenschaft und Mystik gestoßen. **Es gibt nur Licht** - Schwingung und Bewusstsein - , und alles Seiende ist eine Manifestationsform des Lichtes.

Das amerikanische Universalgenie Walter Russell (1871-1963) hat mit seinem grundlegenden Werk „Geheimnis des Lichtes" eine kompakte, für jeden Laien mit normaler Schulbildung nachvollziehbare Darstellung der grundlegenden Naturgesetze

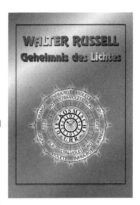

unseres Universums gegeben. Diese beruhen auf der Struktur von Spirale und Ei, auf der Polarität von positiver und negativer Ladung und auf sanftem Sog. Die starre Kreis-, Druck-, und Explosionsmechanik unserer Technik steht diesen kosmisch gültigen Gesetzen diametral entgegen.

Russells Erkenntnisse stehen im Einklang mit der Natur, mit Phänomenen wie „freier Energie", mit den bahnbrechenden Erkenntnissen Viktor Schaubergers und mit modernster Physik. Sie gelten für Naturwissenschaft und Technik ebenso wie für unser seelisches und geistiges Leben. Und sie sind verständlich...

„Die Wahrheit ist immer einfach."

Genius Verlag   Kinderbücher

Max Klammler: Tiger und Löwen gibt es nicht
und andere Geschichten aus dem Wald

Kartoniert, 60 Seiten, 21 x 27 cm. DM 27,20 € 13,90 ISBN 3-934719-06-6, ab 5 Jahren

Warum hat der Bär plötzlich keine Freunde mehr? Was passierte am Tümpel der guten Waldfee mit dem Rehkitz? Wie machen 27 Mäuse aus der alten Ondrula eine Dame, und weshalb wurde der Maulwurf zum gefährlichsten Tier im Wald? Sieben Geschichten mit Herz und Humor für zarte Kinderseelen und für Erwachsene, die noch bereit sind, vom kleinen Füchslein zu lernen. Mit lebendigen Illustrationen von Christine Riedl.

Claudia Joller: Spielst du mit uns, Andreas ?

Kartoniert, 16 Seiten, 21 x 25 cm. DM 24,80 / € 12,70, ISBN 3-934719-01-5, ab 3 Jahren

Das Mädchen Silvana möchte gern mit ihren Freunden im Wald spielen, und Andreas will mitspielen. Aber für ihn sind sie unsichtbar, und er kehrt wütend um. Wie er sich dann doch auf die Suche macht, die Zauberblume findet und „schauen" lernt, erzählt Claudia Joller in einfachen Sätzen und einzigartigen Bildern. Das Buch macht Lust, beim nächsten Mal im Wald genau hinzuschauen.

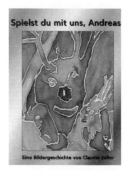

Genius Verlag

Petra Schulze

Singen ist einfach - auch für Sänger

kartoniert, Lesebändchen, 80 Seiten, 12 x 18 cm
DM 19,60 / € 10,- ISBN 3-934719-05-8

Die Leiterin der international renommierten „Schule für Gesang" im Ruhrgebiet stellt hier in ihrer gewohnten Klarheit und Präzision die Grundlagen ihres Erfolges dar. Der geistige Hintergrund ihrer Arbeit mit bekannten Gesangssolisten, mit Chorsängern, Laien und chronisch kranken Menschen weist den Weg zur Heilung von Mensch und Stimme. Mit anschaulichen Fallbeispielen.

Petra Schulze wurde 1958 in Hann. Münden geboren. Ihre sängerische Ausbildung führte über ein Gesangsstudium in Kassel sowie in der „Schule der Stimmenthüllung" bei Jürgen Schriefer und Christa Waltjen zu der Opernsängerin Jane Henschel. Nach zwölfjähriger Tätigkeit in der Musiklehrerausbildung begründete Petra Schulze 1995 ihre „Schule für Gesang". Rege Kurstätigkeit in ganz Deutschland sowie in Mailand, Cagliari (Sardinien), Oslo, Trontheim, Kopenhagen und London.

Genius Verlag

Manfred Kyber
Das Land der Verheißung

Ein franziskanischer Weg zur Heilung der Erde

Kartoniert, Lesebändchen, ca. 196 Seiten
DM 19,60 € 10,- ISBN 3-934719-11-2

Menschen in der Nachfolge des Franz von Assisi gehen Hand in Hand mit unseren „älteren Brüdern", den aufgestiegenen Meistern, und unseren „jüngeren Brüdern", den Tieren. Durch diese Bruderschaft werden wahrer Friede und konkrete Heilung der Erde möglich.

Manfred Kybers stille, zutiefst anrührende Geschichte wirkt heute schon nicht mehr so utopisch wie noch vor wenigen Jahren, denn immer mehr Menschen erkennen, welche grauenvolle Sackgasse unser heutiger Umgang mit unseren „jüngeren Brüdern" darstellt. Der Weg der Bruderschaft mit allem Leben und mit den aufgestiegenen Meistern jenseits des Schleiers führt uns in das Land der Verheißung, nämlich zum echten Frieden auf der Erde.